ATLANTIS · SCHOTT

Band 8024

Verdi hatte sich nach der Komposition seiner *Aida* und des *Requiem* vollständig in die Villa Sant' Agata zurückgezogen und betrachtete sein Schaffen als beendet. Es bedurfte schon einiger List und – besonders – Hartnäckigkeit von Verdis Verleger Giulio Ricordi, ihn doch noch zur Komposition einer Oper zu bewegen: die List bestand darin, als Sujet den *Othello*-Stoff des von Verdi überaus geschätzten, ja verehrten Shakespeare auszusuchen.

Dieses Buch enthält neben dem Textbuch einführende Kommentare von Kurt Pahlen. Er begleitet das musikalische und das äußere wie innere dramatische Geschehen der Oper mit Hinweisen zu kompositorischer Struktur und Sinnzusammenhang. Eine kurze Inhaltsangabe und ein Abriß der Entstehungsgeschichte stellen das Werk in einen Zusammenhang mit dem Gesamtschaffen des Komponisten und seiner Biographie und bieten eine umfassende, reich illustrierte Einführung.

Kurt Pahlen, geboren 1907 in Wien, Dr. phil. (Musikwissenschaft), war in Buenos Aires Generalmusikdirektor der Filarmónica Metropolitana und Direktor des Teatro Colón sowie an der Universität Montevideo Gründer und Inhaber des Lehrstuhls für Musikgeschichte. Als Gastdirigent bedeutender Konzert- und Opernorchester, Gastprofessor vor allem südamerikanischer Universitäten und Verfassser von über 50 in zahlreiche Sprachen übersetzten Büchern mit breit gefächerter Thematik, erwarb er sich einen internationalen Ruf als Pionier des Musiklebens. Sein besonderes Engagement gilt mit jährlich mehr als 200 Vorträgen der einführenden Vermittlung des Opernrepertoires an ein breites Publikum. 1994 wurde ihm die Ehrendoktorwürde der Universität Buenos Aires verliehen, 1995 die von San José / Costa Rica.

Die Reihe *Opern der Welt* in der Serie Musik Atlantis · Schott gibt einen umfassenden Überblick über die Standardwerke des Spielplans.

Giuseppe Verdi
Othello

Textbuch (Italienisch – Deutsch)

Einführung und Kommentar
von Kurt Pahlen
unter Mitarbeit von Rosmarie König

Atlantis Musikbuch-Verlag

SERIE MUSIK ATLANTIS · SCHOTT

Libretto: Originaltext von Arrigo Boito
Der Abdruck der Notenbeispiele, des Librettos und der deutschen Übersetzung von
Walter Felsenstein unter Mitarbeit von Carl Stueber erfolgt mit Genehmigung von
G. Ricordi & Co., C. S. p. A., Mailand.

Abbildungen: Pressebüro Salzburger Festspiele, Salzburg (S. 251),
Sabine Toepffer, München (S. 237, 240/241, 243).
Die übrigen Abbildungen stammen aus den Archiv Kurt Pahlen.

ISBN 3-254-08024-6
Originalausgabe Dezember 1980
4. Auflage 14.–15. Tausend April 2001
© 2001 Schott Musik International · BSS 46589
Satz: Bauer & Bökeler Filmsatz KG, Denkendorf
Druck und Bindung: Clausen & Bosse, Leck
Lektorat: Gerda Weiss/Norbert Henning
Printed in Germany

Inhalt

Giuseppe Verdi (1813–1901)

Zur Aufführung

TITEL

OTHELLO

(im italienischen Original: OTELLO)

BEZEICHNUNG
Oper in vier Akten von Arrigo Boito
(Dramma lirico in quattro atti, libretto di Arrigo Boito)
Nach der neuen deutschen, unter Mitarbeit von Carl Stueber
hergestellten Übertragung von Walter Felsenstein (G. Ricordi
& Co., C.S.p.A., Mailand)

Musik: Giuseppe Verdi. Uraufführung: 5. Februar 1887 in
Mailand.

PERSONENVERZEICHNIS
Othello (Otello), ein Mohr, Befehlshaber der venezianischen
    Flotte, Statthalter Venedigs auf Cypern . . . .   Tenor
Desdemona, seine Gattin . . . .   Sopran
Jago, Fähnrich . . . .   Bariton
Cassio, Hauptmann . . . .   Tenor
Rodrigo (Roderigo), ein venezianischer Edelmann . . .   Tenor
Lodovico, Sondergesandter Venedigs . . . .   Baß
Montano, Othellos Vorgänger in Cypern, jetzt Offizier . .   Baß
Emilia, Gattin Jagos . . . .   Mezzosopran
Ein Herold . . . .   Baß
Soldaten und Matrosen der venezianischen Streitkräfte auf
Cypern, Edeldamen und Edelleute, Einwohner von Cypern;
Chöre und Statisterie.

SCHAUPLATZ UND ZEIT
Die Handlung spielt auf Cypern gegen Ende des 15. Jahrhunderts.

ORCHESTERBESETZUNG

3 Flöten (einschließlich Piccolo), 3 Oboen (einschließlich Englischhorn), 3 Klarinetten (einschließlich Baßklarinette), 4 Fagotte, 4 Hörner, 2 Trompeten, 2 Kornette (eventuell insgesamt 4 Trompeten), 4 Posaunen, 1 Paar Pauken, Becken, Tamtam, 2 große Trommeln, 2 Harfen, Streicher (erste und zweite Geigen, Bratschen, Violoncelli und Kontrabässe). Bühnenmusik: Mandolinen, Gitarren, 1 Dudelsack, 6 Trompeten, 4 Posaunen, Orgel.

UNGEFÄHRE AUFFÜHRUNGSDAUER

I. Akt	Hafen, vor dem Schloß oder Palast	30 Minuten
II. Akt	In einem Saal des Schlosses mit angrenzendem Garten	32 Minuten
III. Akt	Im großen Fest- oder Empfangssaal des Schlosses	35 Minuten
IV. Akt	Im Schlafgemach Desdemonas	30 Minuten

(Aus Abweichungen von diesen Richtzeiten sind keine Rückschlüsse auf die künstlerische Qualität der Wiedergabe zu ziehen.)

8

Textbuch (Italienisch–Deutsch)
mit Erläuterungen zu Musik
und Handlung

Ohne Ouvertüre, wie es gegen Ende des 19. Jahrhunderts immer mehr Brauch wird, fährt Verdi mit der ganzen geballten Wucht seines großen Orchesters (einschließlich Pauken, großer Trommel, Becken und Tamtam) drein, um den gewaltigen Sturm vor der Küste Cyperns in voller Kraft zu malen. Die grellen Blitze werden von Piccoloflöte und höchsten Streichern geschildert, eine Orgel hinter der Bühne malt das Tosen des Orkans. Es dürfte kaum ein gewaltigeres Bühnengewitter geben als diesen Beginn des »Othello«:

(1)

Langsam flaut es ab und läßt die ängstlichen Stimmen der Menschen auf dem Lande hörbar werden, immer wieder unterbrochen durch neue Blitze und krachenden Donner. Das Unheimliche der Stimmung ist großartig getroffen.

ERSTER AKT *Ein Platz vor dem Schlosse. Eine Schenke mit Lauben. Man sieht die Hafenwerke und das Meer. Es ist Abend. Heftiger Orkan und Gewitter.*	**ATTO PRIMO** *L'esterno del castello. Una Taverna con pergolato. Gli spaldi nel fondo e il mare. È sera. Lampi, tuoni, uragano.*

1. SZENE *Chor:* Da, ein Segel! Ja, ein Segel! Eine Flagge! *Montano:* Der geflügelte Löwe!	**SCENA PRIMA** *Coro:* Una vela! Una vela! Un vessillo! *Montano:* È l'alato Leon!

*Allmählich formt sich aus den kurzen Choreinwürfen eine län-
gere, sturmuntermalte Melodie der Bässe, immer wieder von
den hohen Stimmen mit entsetztem Aufschrei unterbrochen, so
oft die Menge Othellos Karavelle auf hohem Meer in den Flu-
ten versinken zu sehen glaubt:*

(Fortsetzung des Notenbeispiels S. 14)

Cassio: Ja, erhellt von den Blitzen!

(Trompete auf der Bühne)

Chor: Die Trompete!
Die Kanone vom Schiff!

Cassio: Die Galeere des Feldherrn!

Montano: Jetzt versinkt sie, nein, sie hebt sich . . .

Cassio: . . . mit dem Bug aus den Wellen!

Chor: Bald von Wolken verhüllt, bald vom Meer,
dann vom Lichtschein der Blitze erhellt!
Blitze! Donner! Strudel! Wie der Wirbelsturm
die Wogen peitscht!
Alles zittert! Alles bebet!
Berg und Tal bewegen sich.

(Im Hintergrunde treten viele Weiber aus dem Volke auf.)
Eines Dämons Flügelschlag

Cassio: Or la folgor lo svela.

(Trombe sul palco.)

Coro: Uno squillo!
Ha tuonato il cannon!

Cassio: È la nave del Duce.

Montano: Or s'affonda.
Or s'inciela . . .

Cassio: . . . erge il rostro dall'onda.

Coro: Nelle nubi si cela e nel mar,
e alla luce dei lampi ne appar.
Lampi! tuonni! gorghi!

turbi tempestosi e fulmini!
Treman l'onde, treman l'aure,
treman basi e culmini.

(Entrano dal fondo molte donne del popolo.)
Fende l'etra un torvo e cieco –

(2)

Ununterbrochen das wilde Anstürmen von Orkan und Gewitter (mit immer neuen Klängen im Orchester), bis der Chor in voller Kraft ein mächtiges Bittgebet zum unbarmherzigen Himmel empor singt:

(Fortsetzung des Notenbeispiels S. 16)

zerteilt die Lüfte über uns.
Bläht den Himmel wie ein
düstres Segel mächtig auf.
Seht es rauchen, seht es flammen!
Schwarze Nebel wandeln sich
zu Glut,
sie brennen und vergehn in tiefes Dunkel!
Qualvoll erbebt das Weltall.
Der grause Nordwind rast und
jagt Gespenster her.
Die Posaunen der Titanen bla-
sen zum Gericht.

spirto di vertigine,
Iddio scuote il ciel bieco, –
come un tetro vel.
Tutto è fumo! tutto è fuoco!
l'orrida caligine
Si fa incendio, poi si spegne
più funesta. Spasima
l'universo, accorre a valchi –
l'aquilon fantasima,

I titanici oricalchi – squillano
nel ciel.

*(mit Gebärden des Schreckens
und ängstlichen Bittens)*
Gott der Blitze und der
Stürme,

*(con gesti di spavento e di suppli-
cazione e rivolti verso lo spaldo)*
Dio, fulgor della bufera!

(3)

Gott, du Herrscher dieses Strandes,
rette uns das Schiff des Feldherrn,
rette Glück und Heil Venedigs.
Du, Beherrscher der Gestirne!
Du, Beherrscher aller Welt!
Hilf, daß auf dem Grund der Meere
seines Schiffes Anker hält!
Jago: Zerbrochen ist der Mast!
Rodrigo: Der Bug zerschellt
dort an den Klippen!
Chor: Zu Hilfe! Zu Hilfe!
Jago (zu Rodrigo): Nun wird der Schlund des wilden Meeres bald sein Grab sein!
Chor: Gerettet! Gerettet!
Stimmen hinter der Szene:
Herunter mit den Booten!
Hand an die Taue! Haltet!
Chor: An die Ruder!
(die Ufertreppe hinabsteigend) Rasch zum Ufer!

Dio, sorriso della duna!
Salva l'arca e la bandiera
Della veneta fortuna!

Tu, che reggi gli astri e il Fato!
Tu, che imperi al mondo e al ciel!
Fa che in fondo al mar placato
Posi l'àncora fedel.
Jago: È infranto l'artimon!
Roderigo: Il rostro piomba
Su quello scoglio!
Coro: Aita! Aita!
Jago (a Roderigo): L'alvo frenetico del mar
sia la sua tomba!
Coro: È salvo! salvo!
Voci interne:
Gittate i palischermi!
Mano alle funi! Fermi!
Coro: Forza ai remi!
(scendono la scala dello spaldo) Alla riva! . . .

17

Über Angst und Schrecken erheben sich endlich Jubelrufe des Volkes, und – majestätisch vom Orchester vorbereitet – erklingt Othellos mächtige Stimme: Wieder müßte man sagen, daß selten in der Oper der Auftritt eines Helden so mitreißend und wirkungsvoll gestaltet wurde:

(4)

18

Stimmen hinter der Szene:	*Voci interne:*
Dort am Steg könnt ihr lan- den!	All'approdo! allo sbarco!
Chor: Evviva! Evviva!	*Coro:* Evviva! Evviva!
Othello (von der Treppe auf den *Hafendamm steigend, gefolgt* *von Seeleuten und Soldaten):*	*Otello (dalla scala della spiaggia* *salendo sullo spaldo con segui-* *to di marinai e di soldati):*
Freut euch alle! Der Stolz der Türken liegt auf dem Meeresgrund, uns und dem Himmel Ehre! Was den Waffen entrann, ertrank im Meere!	Esultate! L'orgoglio musul- mano Sepolto è in mar, nostra e del ciel è gloria! Dopo l'armi lo vinse l'uragano.
Chor: Othello! Heil dir und Ehre! Othello! Othello! Viktoria! Viktoria!!	*Coro:* Evviva Otello! Vittoria! Vittoria!

Die nunmehr freudige Erregung der Bevölkerung verebbt noch lange nicht. Immer wieder durchzucken auch letzte Blitze des Unwetters den Nachthimmel.

Dann treten die Rollenträger deutlicher in den Vordergrund, vor allem Rodrigo und Jago. Die ersten Anzeichen der Intrige werden hörbar, so Jagos geheimer Haß gegen Othello und Cassio. Er verbirgt ihn unter leichtem Scherzen, mit dem er Rodrigo den baldigen Besitz Desdemonas verheißt:

(Notenbeispiel S. 22)

(Othello geht ins Schloß, gefolgt von Cassio, Montano und Soldaten.)

Chor: Die Feinde vernichtet, gefallen,
zerschlagen, begraben, ertrunken, versunken
im weiten Meer, in stürmischer Flut!
Da unten, da werden die Wellen sie peitschen,
im Tanze des Wirbelwinds,
da unten im Abgrund des Meers.
Viktoria! Evviva!

Chor: Vorbei das Ungewitter.

Jago (abseits zu Rodrigo):
Rodrigo, was ist? Was denkst du?

Rodrigo: Sterben möcht' ich.

(Im Hintergrunde ein Hin- und Herlaufen von Leuten, welche von der Hafentreppe zum Schlosse Waffen und Gepäck tragen. Die Einwohner kommen vom Schlosse und bringen Reisigbündel, um sie auf dem Damme zu entzünden. Soldaten mit Fackeln beleuchten den belebten Weg.)

Jago: Wer will denn gleich sterben wegen eines Weibes?

Rodrigo: Nie hab' ich Glück.

(Einige aus dem Volke errichten einen Scheiterhaufen. Neugieriges und unruhiges Gedränge.)

(Otello entra nella rocca, seguito da Cassio, da Montano e soldati.)

Coro: Vittoria! Sterminio!
Dispersi, distrutti,
Sepolti nell'orrido
Tumulto piombâr.

Avranno per requie
La sferza dei flutti,
La ridda dei turbini,
L'abisso del mar.

Vittoria! Evviva!

Coro: Si calma la bufera.

Jago (in disparte a Roderigo):
Roderigo, ebben, che pensi?

Roderigo: D'affogarmi . . .

(Nel fondo è un andirivieni della ciurma che sale dalla scala della spiaggia ed entra nel castello portando armi e bagagli, mentre dei popolani escono da dietro la rocca portando dei rami da ardere presso lo spaldo; alcuni soldati con fiaccole illuminano la via percorsa da questa gente.)

Jago: Stolto
è chi s'affoga per amor di donna.

Roderigo: Vincer nol so.

(Alcuni del popolo formano da un lato una catasta di legna: la folla s'accalca intorno turbolenta e curiosa.)

21

Wenn der Lie - bes - schwur ei - ner schö - nen Frau kein all - zu - gro - ßes
Se un fra - gil vo - to di fem - mi - na non è trop-p'ar-duo

Hin - der-nis ist für mich, noch für die Höl-le,
no - do pel ge - nio mio, ne— per l'in - fer-no.

(5)

22

Jago: Ach was, Geduld nur, und
wart auf bessere Zeiten!
Denn die schöne Desdemona,
die im geheimen
du so sehr vergötterst, werden
die schwermütgen
Küsse jenes Mohren mit den
wulstgen Lippen
nicht mehr lange schmecken.
Guter Rodrigo, du weißt, ich
bin dein Freund,
mir kannst du vertrauen!
Auch in schlimmen Dingen
steh' ich dir gerne bei.
Wenn der Liebesschwur einer
schönen Frau
kein allzugroßes Hindernis ist
für mich,
noch für die Hölle, dann
schwör' ich dir,
daß diese Frau bald dein ist.
Doch höre, wenn den Freund
ich auch spiele,
haß' ich den Mohren.
*(Cassio tritt auf und geht dann
zu einem Kreise Soldaten.)*
(Jago immer abseits zu Rodrigo.)

. . . Und ein Grund meines
Hasses: Dieser da!
Sieh nur!
(auf Cassio zeigend)
Der eitle aufgeputzte Hauptmann bestahl mich
um den Rang, um meinen
Rang, den ich
in hundert siegreichen
Schlachten ehrlich verdient
hab'!

Jago: Su via, fa senno, aspetta
L'opra del tempo. A Desde-
mona bella,
Che nel segreto de tuoi sogni
adori,
Presto in uggia verranno i
foschi baci
Di quel selvaggio dalle gonfie
labbra.
Buon Roderigo, amico tuo sin-
cero
Mi ti professo, né in più forte
ambascia
Soccorrerti potrei. Se un fragil
voto
Di femmina non è
tropp'arduo nodo
Pel genio mio né per l'inferno,
giuro
Che quella donna sarà tua.
M'ascolta:
Benchè finga d'amarlo, odio
quel Moro.
*(Entra Cassio: poi s'unisce a un
crocchio di soldati.)*
*(Jago sempre in disparte a Rode-
rigo.)*
. . .E una cagion dell'ira,
eccola, guarda.

(indicando Cassio)
Quell'azzimato capitano
usurpa
Il grado mio, il grado mio che
in cento
Ben pugnate battaglie ho meri-
tato;

*Überall um den Hafenplatz sind Freudenfeuer entfacht worden.
Die Funken stieben lustig zum Nachthimmel, der sich nun beruhigt hat. Verdi zeigt das Auflodern der Feuer mit tonmaleri-
schem Realismus des Orchesters:*

(6)

*Freudig fallen die Chöre ein, eine bewegte Volksszene entwik-
kelt sich. Das Orchester malt die immer höher züngelnden
Flammen mit großem Reichtum an Nuancen – weit entfernt
von der düster-schaurigen Stimmung ähnlicher Lagerfeuerszo-
nen bei Verdi selbst (»Il Trovatore«) oder von der Magie der
unirdischen Feuerszenen bei Wagner (»Walküre«, »Götter-
dämmerung«) – und schildert gemeinsam mit den Stimmen ein
echtes südliches Volksfest, froh, temperamentvoll, sinnlich.*

(Der Platz füllt sich immer mehr mit gemeinem Volke an.)
So wollte es Othello!
Ich blieb bis heute bei seiner schwarzen
Majestät nur Fähnrich!
(Vom Scheiterhaufen qualmen dicke Rauchwolken auf.)

Aber so wahr, wie du Rodrigo bist,
so ist's auch wahr, daß an des Mohren Stelle
ich andre lieber um mich säh'
als Jago.
Wenn es nach mir ging' . . .
(Das Feuer schlägt in die Höhe, die Leute aus der Schenke beleuchten den Laubengang.)

(Continua il passaggio della bassa ciurma nel fondo.)
Tal fu il voler d'Otello, ed io rimango
Di sua Moresca signoria l'alfiere!
(Dalla catasta incominciano ad alzarsi dei globi di fumo sempre più denso.)

Ma, com' è ver che tu Rodrigo sei,
Così è pur vero che se il Moro io fossi
Vedermi non vorrei d'attorno un Jago.
Se tu m'ascolti . . .
(Il fuoco divampa. I tavernieri illuminano a festa il pergolato.)

Chor: Feuer der Freude! Heitere Flamme!
Wandle zum Tag die düstere Nacht!
Knistre! Und prass'le!
Lodere und sprühe!
Leuchtende Glut die Herzen entfacht.

Coro: Fuoco di gioia! – l'ilare vampa
Fuga la notte – col suo splendor,
Guizza, sfavilla, – crepita, avvampa,
Fulgido incendio – che invade il cor.

25

Ein kurzer, aber dramatisch bedeutungsvoller Dialog wird eingeschoben: Jago legt es darauf an, Cassio betrunken zu machen und zugleich Rodrigos Haß wegen der vermeintlichen Rivalität bei Desdemona gegen ihn zu wecken.

Rings um das Feuer dreht sich im Tanze
bunter Gestalten wechselnder Zug.
Hier sind die Mädchen mit frohen Liedern,
dort sind es Falter im Feuerflug.
Dort brennt die Palme und Sykomore,
hier singt die Liebste mit dem Galan.
Die goldne Flamme, die Liebeslieder
lodern zum glühnden Himmel hinan.
Feuer der Freude, leuchte noch einmal,
denn auch der Liebe Flamme erlischt!
's brennt noch, wird dunkler, leuchtet auf und flackert,
zuckt noch ein letztes Mal und verlischt.

(Das Feuer verlischt allmählich, der Sturm hat aufgehört.)
(Jago, Rodrigo, Cassio und andere ihres Standes sitzen und stehen um einen Tisch der Schenke und trinken Wein.)
Jago: Laß uns trinken, o Freund! Diesen Becher unserm Hauptmann!
Cassio: Ich hab' genug!
Jago (will Cassio einschenken): Nur diesen einen Schluck noch!
Cassio (zieht sein Glas zurück): Nein!
Jago: Komm doch! Alles steht

Dal raggio attratti – vaghi sembianti
Movono intorno – mutando stuol.
E son fanciulle – dai lieti canti,
E son farfalle – dall'igneo vol.
Arde la palma – col sicomoro,
Canta la sposa – col suo fedel;
Sull'aurea fiamma, – sul lieto coro
Soffia l'ardente – spiro del ciel.

Fuoco di gioia – rapido brilla!
Rapido passa - fuoco d'amor!
Splende, s'oscura, – palpita, oscilla,
L'ultimo guizzo – lampeggia e muor.

(Il fuoco si spegne a poco a poco: la bufera è cessata.)
(Jago, Roderigo, Cassio e parecchi altri uomini d'arme intorno a un tavolo dove c'è del vino: parte in piedi, parte seduti.)
Jago: Roderigo, beviam! qua la tazza, Capitano.
Cassio: Non bevo più.
Jago (avvicinando il boccale alla tazza di Cassio):
Ingoia questo sorso.
Cassio (ritirando il bicchiere): No.
Jago: Guarda! oggi impazza

heut auf dem Kopfe, und ganz
Cypern ist trunken, also . . .

Cassio: Laß mich!
Mir raucht schon der Schädel
von dem einzigen Becher.

Jago: Nimm! Du mußt noch
einen trinken.
Auf das Wohl von Othello und
Desdemona!

Chor: Evviva!

*Cassio (erhebt sein Glas und
trinkt ein wenig):* Sie ist uns-
res Landes Zierde.

Jago (leise zu Rodrigo): Da hörst
du's!

Cassio: In ihrer Liebe Glück wie
ein strahlender Engel!

Rodrigo: Und dabei so bescheiden.

Cassio: Komm, Jago,
singe du ihr ein Loblied!

Jago (leise zu Rodrigo): Da hörst
du's!
(laut zu Cassio): Nein, ich bin
nur ein Kritiker.

Cassio: Ist sie doch über alles
Lob erhaben.

Jago (leise zu Rodrigo):
Nimm dich in acht vor Cassio!

Rodrigo: Warum denn?

Jago: Hör doch nur, wie dumm
und hitzig er schwätzt,
weil ihn sein jugendliches
Feuer verleitet,
dieser listige Patron, der sich
dir in den Weg stellt.
Achtung!

tutta Cipro! è una notte di
gioia, dunque . . .

Cassio: Cessa.
Già m'arde il cervello
Per un nappo vuotato.

Jago: Sì, ancora
Bever devi. Alle nozze
d'Otello
e Desdemona!

Coro: Evviva!

*Cassio (alzando il bicchiere e
bevendo un poco):* Essa infiora
questo lido.

Jago (sottovoce a Roderigo): Lo
ascolta.

Cassio: Col vago
Suo raggiar chiama i cori a raccolta.

Roderigo: Pur modesta essa è
tanto.

Cassio: Tu, Jago,
Canterai le sue lodi!

Jago (a Roderigo): Lo ascolta.
(forte a Cassio): Io non sono
che un critico.

Cassio: Ed ella d'ogni lode è più
bella.

*Jago (come sopra, a Roderigo, a
parte):* Ti guarda
da quel Cassio.

Roderigo: Che temi?

Jago: Ei favella
Già con troppo bollor, la
gagliarda
Giovinezza lo sprona; è un
astuto
Seduttor che t'ingombra il
cammino.
Bada . . .

Jetzt kommt neuerliche Bewegung ins Orchester, das die Dialoge nur mit langen Akkorden stützte, um sie verständlich zu machen. Nun nimmt es Rhythmus und Bewegung der Flammenszene auf, reduziert sie zur schwungvollen Liedbegleitung, und darüber stimmt Jago seinen Trinkspruch an:

(Fortsetzung des Notenbeispiels S. 32)

Rodrigo: Nun was?
Jago: Wenn er säuft, ist er verloren!
Also los!
(zu den Weinschenken):
He, schenkt Wein aus, für alle!
(Jago füllt drei Becher, für sich, Rodrigo und Cassio. Die Schenken warten mit Kannen auf.)
(zu Cassio, mit dem Becher in der Hand; die Menge läuft neugierig zusammen):
Probier den süßen Trank!
Gieß ihn hinunter, solang's
auf Erden gibt Wein
und Gesang!

Roderigo: Ebben?
Jago: S'ei s'inebria è perduto!
Fallo ber.)

(ai Tavernieri)
Qua, ragazzi, del vino!
(Jago riempie tre bicchieri: uno per sè, uno per Roderigo, uno per Cassio. I Tavernieri circolano colle anfore.)
(a Cassio, col bicchiere in mano: la folla gli si avvicina e lo guarda curiosamente.)
Innaffia l'ugola
Trinca, tracanna!
Prima che svampino
Canto e bicchier.

*Cassio muß ihn erwidern und stimmt in Jagos Rhythmus ein.
Dieser gelangt nun zum Refrain seines Trinklieds, den dann
die begeisterte Volksmenge rundum im Chor wiederholt:*

(Fortsetzung des Notenbeispiels S. 34)

Cassio (zu Jago, den Becher in der Hand):
Göttlicher Zaubertrank von süßer Rebe!
Du hüllest in zarte Nebel unsern Geist.

Jago (zu allen):
Wer so das Leben versteht zu genießen,
der sei gepriesen,
trinke mit mir!

Chor und Rodrigo: Wer so das Leben versteht zu genießen, der sei gepriesen, trinke mit dir!

Jago (zu Rodrigo, auf Cassio zeigend):
Noch einen Schluck,
und er ist berauscht.

Rodrigo (zu Jago):
Noch einen Schluck,
und er ist berauscht.

Cassio (a Jago, col bicchiere in mano):
Questa del pampino verace manna
Di vaghe annugola nebbie il pensier.

Jago (a tutti):
Chi all'esca ha morso del ditirambo
Spavaldo e strambo,
beva con me.

Coro e Roderigo: Chi all'esca ha morso del ditirambo
Spavaldo e strambo,
beve con te.

Jago (piano a Roderigo indicando Cassio):
Un altro sorso
E brillo egli è.

Roderigo (a Jago):
Un altro sorso
E brillo egli è.

(8)

Noch ist Jagos Vorsatz nicht ganz gelungen. Mit einer zweiten Strophe zwingt er Cassio von neuem, Bescheid zu tun. Die Szene wird immer ausgelassener, der Wein fließt in Strömen, das Volk jubelt den Refrain, ohne eine Ahnung zu haben, welche düsteren Pläne der Fähnrich Jago bei der Entfesselung der Orgie hegt: zur musikalischen Meisterschaft tritt die psychologische.

Jago: Das ganze Weltall
schwankt,
wenn ich betrunken.
Dann kümmert mich weder
Gott
noch das Geschick!

Cassio (von neuem trinkend):
Mir ist, als schwebte ich auf
leichten Wolken,
die Freude begegnet mir im
süßen Wein!

Jago: Wer so das Leben versteht
zu genießen,
der sei gepriesen, trinke mit
mir!

Chor und Rodrigo:
Wer so das Leben versteht zu
genießen,
der sei gepriesen, trinke mit
dir!

Jago: Il mondo palpita
Quand'io son brillo!
Sfido l'ironico
Nume e il destin!

Cassio (bevendo ancora):
Come un armonico liuto
oscillo;
La gioia scalpita
sul mio cammin!

Jago: Chi all'esca ha morso
del ditirambo,
spavaldo e strambo,
Beva con me!

Coro e Roderigo:
Chi all'esca ha morso
del ditirambo,
spavaldo e strambo,
Beve con te.

Bei der dritten Strophe wird es offenbar, daß Cassio nicht mehr mithalten kann. Er schwankt und taumelt, während Jago ihn immer weiter zum Trinken und Singen anstachelt und zugleich Rodrigo heimlich auffordert, Cassio zu verspotten und so zum Streit herauszufordern.

Jago (zu Rodrigo): Noch einen
Schluck,
und er hat genug!
Rodrigo (zu Jago): Noch einen
Schluck,
und er hat genug!
Jago: Wer diesen Becher ver-
schmäht,
ist ein Feigling . . .
Cassio (einfallend):
Ein jeder kann mir in die Seele
schauen . . .
(trinkt)
Jago (einfallend):
. . . der irgend etwas verheim-
licht . . .
Cassio: Nein! Ich fürchte nicht
die Wahr . . . *(taumelnd)* und
trin . . .
Chor (lachend): Ha! Ha!
Cassio: Aus diesem Becher trink
ich . . .
*(Er möchte das Lied wiederho-
len, aber es ist ihm entfallen.)*
Jago (zu Rodrigo):
Sieh doch, wie er besoffen ist.
Nun geh schon und verführ
ihn zum Streiten;
dann wird er zornig, geht auf
dich los,
und alles kommt in Aufruhr!
Wenn du das tust, so hast du
schon Othello
die erste Liebesnacht gründlich vergällt!
Rodrigo (entschlossen): Grade
das ist mir Ansporn.

Jago (a Roderigo): Un altro
sorso
E brillo egli è.
Roderigo (a Jago): Un altro
sorso
E brillo egli è.
Jago: Fuggan dal vivido
Nappo i codardi . . .

Cassio (interrompendo):
In fondo all'anima ciascun mi
guardi! . . .
(Beve.)
Jago (interrompendo):
Che in cor nascondono
Frodi . . .
Cassio: Non temo il ver . . . *(bar-
collando)* Non temo il ver . . . e
bevo . . .
Coro (ridendo): Ah! Ah!
Cassio: Del calice
Gli orli s'imporporino! . . .
*(Vorrebbe ripetere il primo moti-
vo, ma non si sovviene.)*
Jago (a Roderigo):
Egli è briaco fradicio. Ti
scuoti.
Lo trascina a contesa; è pronto
all'ira,
t'offenderà . . . ne seguirà
tumulto!
Pensa che puoi così del lieto
Otello
Turbar la prima vigilia
d'amor!
Roderigo (risoluto): Ed è ciò che
mi spinge.

Doch noch bevor Rodrigo Jagos Aufforderung nachkommen kann, inmitten des frenetischen Singens und Tanzens der Menge, naht Montano und erinnert den Hauptmann Cassio an seine Pflicht, die Wachen zu inspizieren.

Montano (kommt aus dem Kastell und wendet sich zu Cassio): Hauptmann Cassio, versäumt nicht Euren Wachdienst an der Mole.

Cassio (schwankend): So gehn wir!

Montano: Was seh' ich?

Jago (zu Montano): So wie heute betrinkt sich Cassio an jedem Abend.

Montano: Das muß ich melden.

Cassio: So gehn wir doch zur Mole . . .

Rodrigo und Chor: Ha, Ha!

Cassio: Wer lacht da?

Rodrigo (herausfordernd): Seht den Betrunknen!

Cassio (auf Rodrigo losstürzend): Du, sag das noch einmal, du Schurke!

Rodrigo (sich verteidigend): Besoffener Lümmel!

Cassio: Verräter! Jetzt bist du verloren!

Montano (trennt sie mit Gewalt und wendet sich gegen Cassio): So nehmt Euch zusammen, Herr Hauptmann, ich bitte!

Cassio (zu Montano): Dir spalt' ich den Schädel, wenn du dich hier einmengst!

Montano: So reden Betrunkne . . .

Cassio: Betrunkne?!

Montano (venendo dal Castello, si rivolge a Cassio): Capitano, V'attende la fazione ai baluardi.

Cassio (barcollando): Andiamo!

Montano: Che vedo?

Jago (a Montano): Ogni notte in tal guisa Cassio preludia al sonno.

Montano: Otello il sappia.

Cassio: Andiamo ai baluardi . . .

Roderigo e Coro: Ah! Ah!

Cassio: Chi ride?

Roderigo (provocandolo): Rido d'un ebro . . .

Cassio (scagliandosi contro Roderigo): Bada alle tue spalle! Furfante!

Roderigo (difendendosi): Briaco ribaldo!

Cassio: Marrano! Nessun più ti salva!

Montano (separandoli a forza e dirigendosi a Cassio): Frenate la mano, Signor, ve ne prego.

Cassio (a Montano): Ti spacco il cerèbro Se qui t'interponi.

Montano: Parole d'un ebro . . .

Cassio: D'un ebro?!

Im Nu ist ein Streit ausgebrochen. Cassio und Montano fechten.

Die Szene nimmt Formen eines Tumults an. Die Musik untermalt das panikartige Auseinanderlaufen der Frauen, den Lärm und Schrecken, das Verlöschen einiger Feuer. Der unerwartete Kampf wird wilder, Hilferufe ertönen, eine Sturmglocke beginnt zu läuten.

Plötzlich reißt alles wie auf einen Donnerschlag ab. Auch der zweite Auftritt Othellos ist voll Hoheit und – richtig inszeniert –

(Er zieht den Säbel aus der Scheide. Montano desgleichen. Wütender Zusammenstoß. Die Menge weicht zurück.)

Jago (beiseite zu Rodrigo):
Zum Hafen! Dort rufe und schreie,
so laut wie nur möglich! Ein Aufruhr! Ein Aufruhr!
Geh! Schaffe Verwirrung und Angst;
laß die Sturmglocken überall läuten!
(Rodrigo läuft davon.)
(Jago wendet sich ungestüm zu den Kämpfenden):
Kamraden! Hört auf,
euch so sinnlos zu schlagen!
Viele Frauen (fliehend): Hinweg!

Jago: Gott! Schon blutet der edle Montano!
O schreckliches Wüten!
Andere Frauen: Hinweg!
Jago: Haltet! Schluß jetzt!
Männer: Haltet! Schluß jetzt!
Frauen: Sie töten sich!
Männer: Frieden!
Jago: Nein, niemand kann dieses Gemetzel verhindern!
(zu den Umstehenden)
So schreit doch um Hilfe!
Sie reitet der Teufel!
Stimmen (auf und hinter der Szene): Zu Hilfe!
(Die Sturmglocken läuten.)
Zu Hilfe!

(Cassio sguaina la spada. Montano s'arma anch'esso. Assalto furibondo. La folla si ritrae.)

Jago (a parte a Roderigo):
Va al porto, con quanta più possa
Ti resta, gridando: sommossa! sommossa!
Va! spargi il tumulto, l'orror.
Le campane
Risuonino a stormo.

(Roderigo esce correndo.)
(Jago ai combattenti, esclamando)
Fratelli! l'immane
Conflitto cessate!
Molte donne (fuggendo): Fuggiam!

Jago: Ciel! già gronda
Di sangue Montano!
Tenzon furibonda!
Altre donne: Fuggiam!
Jago: Tregua!
Uomini: Tregua!
Donne: S'uccidono!
Uomini: Pace!
Jago: Nessun più raffrena
quell nembo pugnace!
(agli astanti)
Si gridi l'allarme! Satana gl' invade!!
Voci (in scena e dentro):
All'armi!!
(Campane a stormo) Soccorso!!

41

von größter Theaterwirkung. Seine Stimme schmettert in die plötzlich eingetretene Stille:

(9)

Jago versucht, von Othello aufgefordert, eine Erklärung der Vorfälle zu geben; seine Verstellungskunst ist meisterlich. Niemand würde seine geistige Urheberschaft in Betracht ziehen.

2. SZENE

Othello (gefolgt von Fackelträgern): Hinweg mit den Schwertern!

(Die Sturmglocke schweigt. Die Kämpfenden halten ein. Die Wolken verteilen sich nach und nach.)

Nun sagt! Was gibt's?
Bin ich bei Sarazenen?
Ist denn der Geist der Türken
in euch gefahren,
daß ihr selber euch umbringt?
Mein wackrer Jago, bei deiner
altbewährten Treue,
rede!

Jago: Ich weiß nicht . . .
Vorhin noch waren sie gute
Freunde,
heiter und fröhlich . . . doch
auf einmal,
so als ob ein feindliches Sternbild
mit seiner Macht ihren Geist
verwirrte,
ziehn sie die Schwerter und
stürmen aufeinander . . .
Hätt' ich das Bein mir doch
abgehackt,
bevor's mich hertrug.

Othello: Cassio, sag, wie konntest du so dich vergessen? . . .

Cassio: Gnade . . . Verzeiht . . .
Ich kann nicht sprechen . . .

Othello: Montano . . .

Montano (von einem Soldaten unterstützt): Bin verwundet.

SCENA SECONDA

Otello (seguito da genti con fiaccole): Abbasso le spade!

(Cessano le campane. I combattenti s'arrestano. Le nubi si diradano a poco a poco.)

Olà! Che avvien? son io fra i
Saraceni?
O la turchesca rabbia è in voi
trasfusa
Da sbranarvi l'un l'altro? . . .
Onesto Jago,
Per quell'amor che tu mi porti,
parla.

Jago: Non so . . . qui tutti eran
cortesi amici,
Dianzi, e giocondi . . . ma ad
un tratto, come
Se un pianeta maligno avesse a
quelli
Smagato il senno, sguainando
l'arme
S'avventano furenti . . .

Avessi io prima
Stroncati i pie' che qui
m'addusser!

Otello: Cassio, come obliasti te
stesso a tal segno? . . .

Cassio: Grazia . . . perdon . . .
parlar non so . . .

Otello: Montano . . .

Montano (sostenuto da un soldato): Son ferito . . .

Cassio wird degradiert, Jagos erste Schurkentat ist gelungen.

Die Menge zerstreut sich, der verletzte Montano wird in die Burg geleitet, Jago von Othello mit der Beruhigung der Stadt betraut. Die letzten Feuer verlöschen.

Othello: Verwundet! Beim Himmel,
das Blut steigt mir zu Kopfe!
Ah! Soll das Glück verjagt sein,
das heute uns den Sieg geschenkt hat.
(Desdemona tritt auf. Othello eilt ihr entgegen.)
Wie? . . . meine süße Desdemona?
Auch sie habt ihr aufgescheucht aus ihren Träumen?
Cassio, Hauptmann bist du gewesen!
(Cassio läßt den Säbel fallen, den Jago aufhebt.)
Jago (den Säbel einem Soldaten reichend):
Das wär' gelungen!
Othello: Jago, schon ist die ganze Stadt in Aufruhr, geh hin sogleich und schaffe Ruh und Ordnung!
(Jago ab.)
Sorge du für Montano.
(Montano wird ins Schloß geführt.)
Und ihr begebt euch sogleich nach Haus.
(zu allen mit gebietender Haltung)
Ich entfern' mich nicht eher, bevor nicht völlige Ruhe ist im Hafen!
(Die Bühne wird leer, Othello gibt den Fackelträgern einen Wink, sich zu entfernen.)

Otello: Ferito! . . . pel cielo
Già il sangue mio ribolle. Ah!
l'ira volge
L'angelo nostro tutelare in fuga!

(Entra Desdemona: Otello accorre ad essa.)
Che? . . . la mia dolce Desdemona anch'essa
Per voi distolta da' suoi sogni? –

Cassio,
Non sei più capitano.
(Cassio lascia cadere la spada che è raccolta da Jago.)
Jago (porgendo la spada di Cassio a un soldato):
Oh, mio trionfo!
Otello: Jago, tu va nella città sgomenta
Con quella squadra a ricompor la pace.
(Jago esce.)
Si soccorra Montano.
(Montano è accompagnato nel castello.)
Al proprio tetto
Ritorni ognun.
(a tutti con gesto imperioso)

Io da qui non mi parto
Se pria non vedo deserti gli spaldi.
(La scena si vuota. Otello fa cenno agli uomini colle fiaccole che lo accompagnavano di rientrare nel castello.)

Desdemona tritt zu Othello, der sie liebevoll empfängt. Innig umarmt stehen beide, während das Orchester in einem langen, ausdrucksvollen und überaus stimmungsstarken Zwischenspiel zu einem der herrlichsten Liebesduette der Opernliteratur überleitet.
Über einem Orgelpunkt (lang ausgehaltene Note) in den Kontrabässen erklingen Akkordketten, die an das sich langsam beruhigende Atmen erregter Herzen gemahnen. Zuletzt bleibt ein Solocello in ausgeprägter Melodie zurück, steigt langsam an – wie zu den Sternen, die nun immer leuchtender vom Nachthimmel Cyperns funkeln – und breitet mit den übrigen Celli eine sanfte Weise aus, die Othellos Stimme gleichsam aus tiefster Seele übernimmt:

(Fortsetzung des Notenbeispiels S. 48)

3. SZENE
Othello und Desdemona bleiben allein.

SCENA TERZA
Restano soli Otello e Desdemona.

(Fortsetzung des Notenbeispiels S. 50)

Othello: Wie in dem dichten
 Dunkel
 sich jeder Lärm verliert,
 so fühl' ich meinen Jähzorn
 in deinen weichen Armen wieder schwinden.
 Tobe der Krieg, gehe die Welt
 zugrunde,
 was könnt' ich nicht ertragen,
 trägt deine Liebe mich!

Otello: Già nella notte densa
 S'estingue ogni clamor.
 Già il mio cor fremebondo
 S'ammansa in quest'amplesso
 e si rinsensa.
 Tuoni la guerra e s'inabissi il
 mondo
 Se dopo l'ira immensa
 Vien quest'immenso amor!

(10)

Nicht geringer ist Desdemonas Innigkeit, die Harfe hat sich den weichen Bläserakkorden als Begleitung hinzugesellt:

(Fortsetzung des Notenbeispiels S. 52)

Desdemona: Du mein herrlicher
Held! Wie viele Qualen,
wie viel traurige Seufzer, wie
viele Hoffnungen
sind unserem Glück vorausgegangen!
Oh, wie so süß, einander zuzu-
raunen:
»Weißt du noch, damals?«
Als du erzähltest, wie man
dich verbannte,
wie du gelitten unter dieser
Schmach,
da hört' ich zu mit hinge-
riss'ner Seele,

Desdemona: Mio superbo
guerrier! quanti tormenti.
Quanti mesti sospiri e quanta
speme
Ci condusse ai soavi abbrac-
ciamenti'
Oh! come è dolce il mormorare
insieme:
Te ne rammenti!
Quando narravi l'esule tua vita
E i fieri eventi e i lunghi tuoi
dolor,
Ed io t'udia coll'anima rapita

(11)

erfüllt von Schrecken und
Jubel zugleich.
Othello: Vom Waffenlärm
erzählt' ich dir,
vom Schlachtfeld und unserm
Sturm
auf des Feindes Kastell,
vom Angriff und von dem harten Kampf,
bei dem durch unsre Pfeile
das mächtge Bollwerk fiel!

In quei spaventi e coll'estasi in
cor.
Otello: Pingea dell'armi il fremito, la pugna
E il vol gagliardo alla breccia
mortal,

L'assalto, orribil edera,
coll'ugna
Al baluardo e il sibilante stral.

Melodien folgen auf Melodien, Verdi streut sie wie wundervolle Perlen aus. Eine Flöte, ein Englischhorn, ein Horn begleiten Desdemonas Stimme, über der äußerst leise die höchsten Streicher flimmern:

(12)

Sie gestehen einander immer wieder ihre Liebe, suchen deren Urgründe und Quellen auf (Boito hat hier einen Gedanken Shakespeares nahezu wörtlich verwendet, ihn allerdings mit stärkster Wirkung an gänzlich anderer Stelle eingebaut, als das ursprüngliche Drama es tat):

(Notenbeispiel S. 56)

Desdemona: Du zeigtest mir die
   Sonne deiner Heimat,
   heilige Stätten, im Wüsten-
   sand verbrannt.
   Und dann erzähltest du vom
   Leid der Sklaven,
   von ihren Ketten und ihrem
   schweren Los.
Othello: Da kamen dir die Trä-
   nen, und du wurdest
   noch viel schöner in deinem
   Mitgefühl.
   Es fiel in meine Finsternis
   des Paradieses Lichtstrahl.
   Und aller Sterne Glanz.
Desdemona: Und ich sah zwi-
   schen deinen schwarzen
   Schläfen
   hell deinen reinen, erhabenen
   Geist.

Desdemona: Poi mi guidavi ai
   fulgidi deserti,
   All'arse arene, al tuo materno
   suol;
   Narravi allor gli spasimi sof-
   ferti
   E le catene e dello schiavo il
   duol.
Otello: Ingentilia di lagrime la
   storia
   Il tuo bel viso e il labbro di
   sospir;
   Scendean sulle mie tenebre la
   gloria,
   Il paradiso e gli astri a benedir.
Desdemona: Ed io vedea fra le
   tue tempie oscure

   Splender del genio l'eterea
   beltà.

(Fortsetzung des Notenbeispiels S. 58)

Othello: Du liebtest mich um
meiner Leiden willen,
ich liebte dich, weil du barmherzig warst.

Desdemona: Ich liebte dich um
deiner Leiden willen,

Otello: E tu m'amavi per le mie
sventure
Ed io t'amavo per la tua
pietà.

Desdemona: Ed io t'amavo per le
tue sventure

D.

du lieb-test mich, weil ich barm - her - - - zig war.
e tu m'a-ma-vi per la mia pie - tà.

(13)

Eine Melodie krönt das Liebesduett, für die alle schmückenden Beiworte armselig erscheinen; sie hat in dieser Oper beinahe leitmotivischen Charakter, sie ist schlicht und einfach »das Liebesmotiv«. (Auch wenn man von ähnlichen Befragungen nichts und Melodien zu klassifizieren für ein Unding hält, fühlt man sich doch veranlaßt, dem großen Dirigenten Felix Wein-

du liebtest mich, weil ich
barmherzig war.
Othello: Nun möcht' ich sterben
und in deiner Umarmung
alle Seligkeit, die es gibt, noch
genießen!
*(Der Himmel hat sich aufgehei-
tert, die Sterne treten hervor, der
Horizont wird vom Widerschein
des Mondes erhellt.)*
Ach, so groß ist die Freude,
daß ich fürchte,
die dunkle Zukunft meines
Schicksals
vergönnt mir nie mehr wieder
eine Stunde,
so heilig schön wie diese.
Desdemona: Du bangst um
unsre Liebe?
Sie bleibe unberührt vom Lauf
der Zeiten.
Othello: Die Bitte sei erhört und
»Amen«
die Antwort aller Himmels-
scharen.
Desdemona: »Amen« die Antwort.
*Othello (lehnt sich auf eine Erhö-
hung des Hafendammes):*
Ach! Ich taumle vor Freude,
heiß überläuft's mich
ich zittre, erliege ...

E tu m'amavi per la mia pietà.

Otello: Venga la morte! e mi
colga nell'estasi
Di quest'amplesso
Il momento supremo!
*(Il cielo si sarà tutto rasserenato;
si vedranno alcune stelle e sul lem-
bo dell'orizzonte il riflesso ceru-
leo della nascente luna.)*
Tale è il gaudio dell'anima che
temo,
Temo che più non mi sarà con-
cesso
Quest'attimo divino
Nell'ignoto avvenir del mio
destino.
Desdemona: Disperda il ciel gli
affanni
E amor non muti col mutar
degl' anni.
Otello: A questa tua preghiera
»Amen« risponda la celeste
schiera.

Desdemona: »Amen« risponda.

*Otello (apoggiandosi ad un
rialzo degli spaldi):*
Ah! la gioia m'innonda
Sì fieramente ... che ansante
mi giacio ...

gartner recht zu geben, der diese einmal als die schönste der Welt bezeichnete):

(14)

O küß mich!
Desdemona: Othello!
Othello: O küß mich!
Und immer wieder!
(sich erhebend und den Himmel betrachtend)
Die Plejaden versinken schon im Meere.
Desdemona: Spät ist die Nacht schon.

Un bacio . . .
Desdemona: Otello! . . .
Otello: Un bacio . . .ancora un bacio.
(alzandosi e mirando il cielo)

Già la pleiade ardente in mar discende.
Desdemona: Tarda è la notte.

Mit einer seltsam ergreifenden Tonrückung und Modulation geht Verdi vom E-Dur dieser Melodie in das »nächtige« Des-Dur über und vereint die beiden Stimmen (die Othellos auf dem sehr schwer im Pianissimo zu intonierenden hohen As) in einer langen, ins Blau der Nacht verschwebenden Sexte.

Der Vorhang fällt leise und langsam über einem Nachspiel von wenigen Takten, in dem vier Solocelli die ergreifende Stimmung der Liebe leise verschweben lassen.

Othello: Komm, Venus
   erstrahle!
Desdemona: Othello!
(Sie gehen, einander umschlun-
   gen haltend, auf das Schloß zu.)

Otello: Vien . . . Venere splende.

Desdemona: Otello!
(S'avviano abbracciati verso il
   castello.)

*Düster beginnt die Musik des zweiten Akts: Die Celli und 4 Fa-
gotte spielen ein bohrendes, rhythmisches Motiv, das zweifellos
Jagos dunkle Pläne und Intrigen ausdrückt. Es beherrscht weite Teile der kommenden Szene, verschiedenartig abgewandelt
und manchmal in höhere Lagen aufgehellt, wenn klar wird,
daß Jago Desdemonas Reinheit für seine niederträchtigen Pläne verwenden will.*

*Das schleichende Motiv beherrscht auch, zumeist gewisserma-
ßen als Begleitfigur, aber deutlich vernehmbar, Jagos Dialog
mit Cassio.*

ZWEITER AKT	**ATTO SECONDO**
Ein ebenerdiger Saal im Schloß.	*Una sala terrena nel castello.*
Eine Wand mit großer Fenster-	*Una invetriata la divide da un*
öffnung trennt den Saal von	*grande giardino. Un verone.*
einem weiten Garten. Ein Erker.	

1. SZENE SCENA PRIMA

Jago (diesseits des Erkers zu
  Cassio):
  Mach dir nichts draus! Folg
  meinem Rat,
  so hast du in Kürze wieder
  deine flotte Liebschaft
  mit Monna Bianca, als stolzer
  Hauptmann
  mit dem Degen aus Gold und
  der gestickten Schärpe.

Cassio (jenseits des Erkers): Das
  glaubst du selbst nicht.
Jago: Wart ab, was ich dir sage.
  Weißt du denn nicht,
  daß Desdemona die Herrin
  unseres Herrn ist?
  Für sie nur lebt er.
  Sprich doch mit ihr.
  Wenn du erreichst, daß sie sich
  für dich verwendet,
  dann wird er dir verzeihen.
Cassio: Doch wie kann ich sie
  sprechen?
Jago: Sie geht gewöhnlich jeden
  Tag nach Tisch dort
  bei den Bäumen mit meiner
  Frau spazieren.
  Rede sie an dort.
  Und eröffnet ist dir der Weg
  zur Rettung.
  Geh nur!
    (Cassio entfernt sich)

Jago (al di qua del verone, a
  Cassio):
  Non ti crucciar. Se credi a me.
  tra poco
  Farai ritorno ai folleggianti
  amori
  Di Monna Bianca, altero capi-
  tano,
  Coll'elsa d'oro e col balteo fre-
  giato.

Cassio (al di là del verone): Non
  lusingarmi . . .
Jago: Attendi a ciò ch'io dico.
  Tu dêi saper che Desdemona è
  il Duce
  Del nostro Duce, sol per essa
  ei vive.
  Pregala tu, quell'anima cor-
  tese
  Per te interceda e il tuo per-
  dono è certo.
Cassio: Ma come favellarle?

Jago: È suo costume
  Girsene a meriggiar fra quelle
  fronde
  Colla consorte mia. Quivi
  l'aspetta.
  Or t'è aperta la via di salva-
  zione;
  Vanne.
    (Cassio s'allontana)

Und es tritt beherrschend in den Vordergrund, als Jago, nun allein, seinen bösesten Gedanken Raum gibt. Seine Stimme geht von rezitativischen Phrasen zum trotzigen »Credo« über, diesem »Glaubensbekenntnis« des Nichtgläubigen, des Nihilisten –, diesem »Anti-Credo« also, wenn man so will. Trotzig klingt auch – vom vollen Orchester im Fortissimo gespielt – das instrumentale Motiv, auf dessen ausklingenden Klarinettentriller (in tiefer Lage) Jagos Stimme herausfordernd einsetzt:

(Fortsetzung des Notenbeispiels S. 68)

2. SZENE

Jago (Cassio mit den Augen folgend):

Geh nur! Deinen Weg seh' ich vor mir;
denn dich regiert dein Dämon, und dieser bin ich selber!
Und mich, mich treibt der meine.
Ich glaub' an ihn als unerbittliche Gottheit!

(Er verläßt den Erker, ohne weiter auf Cassio zu achten, der zwischen den Gartenhecken verschwindet.)

Ich glaub' an einen Gott, der mich als seinesgleichen erschuf.

SCENA SECONDA

Jago (Solo seguendo coll'occhio Cassio):

Vanne; la tua meta già vedo.
Ti spinge il tuo dimone,
E il tuo dimon son io.
E me trascina il mio, nel quale io credo
Inesorato Iddio.

(allontanandosi dal verone senza più guardare Cassio che sarà scomparso fra gli alberi.)

Credo in un Dio crudel che m'ha creato
Simile a sè, e che nell'ira io

67

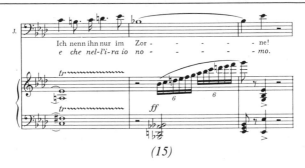

Ich nenn ihn nur im Zor - - - - ne!
e che nel-l'i-ra io no - - - - mo.

(15)

Das ist keine »Arie« mehr, wie Verdi sie in früheren Opern pflegte, es ist eine Charakterstudie von beängstigender Wirkung, musikdramatisch, veristisch, von grauenhafter Gefühlskälte, schneidendem Hohn und wilder Auflehnung gegen alles Göttliche.

Zuletzt versinkt Jago in Gedanken an Tod und Jenseits – es ist, als reiße das Orchester ihn in die tiefsten Abgründe der letzten Lebensgeheimnisse hinab. Doch sein Trotz, seine Verachtung behalten die Oberhand: In schneidendem Gelächter endet das teuflische »Anti-Credo«:

Was a- ber folgt nach all dem Spott? Der Tod!
Vien do-po tan-ta ir - ri-sion la Mor-te.

(Fortsetzung des Notenbeispiels S. 70)

Ich nenn' ihn nur im Zorne!
Aus einem niedren Keime
oder Atom bin ich geboren!
Bin ein Verbrecher, weil ich
ein Mensch bin,
und fühl' den Schmutz aus
meinem Ursprung in mir.
Ja! Also glaube ich!

Glaube mit aller Kraft,
genauso
wie eine Betschwester an die
Kirche glaubt,
daß alles Böse, das mein Geist
hervorbringt,
sich einst an mir erfüllet.
Glaub', daß der Herrgott ein
Komödiant
und Spötter ist von innen und
außen.
Bei ihm ist alles Lüge: Mitgefühl, Tränen, Blicke,
auch die Ehre nur Trug!
Glaub', daß der Mensch
nichts als ein Spiel
des Bösen von Anbeginn des
Lebens,
bis er im Grab verwest.

Was aber folgt nach all dem
Spott? Der Tod!

nomo,
Dalla viltà d'un germe o d'un
atòmo
Vile son nato.
Son scellerato
Perchè son uomo,
E sento il fango originario in
me.
Si! quest'è la mia fe'!
Credo con fermo cuor, sic-
come crede
La vedovella al tempio,
Che il mal ch'io penso e che da
me procede
Per mio destino adempio.
Credo che il giusto è un istrion
beffardo
E nel viso e nel cuor,

Che tutto è in lui bugiardo,
Lagrima, bacio, sguardo,
Sacrificio ed onor.
E credo l'uom gioco d'iniqua
sorte
Dal germe della culla
Al verme dell'avel.

Vien dopo tanta irrision la
Morte.

(16)

Und dann? Dem Tod folgt
nichts mehr!
Das Jenseits ist Betrug!
*(Man sieht Desdemona mit Emi-
lia im Garten, Jago läuft
geschwind zu dem Erker, wo
Cassio Posten gefaßt hat.)*
Jago *(zu Cassio):* Nun gib acht!
Cassio! . . . Sie kommt!
Jetzt oder niemals!
Nun rühr dich! Sieh Desde-
mona.
*(Cassio geht auf Desdemona zu,
begrüßt sie und nähert sich ihr.)*
Na endlich! Er begrüßt sie!
Nun tritt er näher! O käme
jetzt Othello.
Nun hilf, o hilf mir, Satan, hilf
mir bis zum Ende!
Schon bereden sich beide.
Wie doch ihr schönes Antlitz
lächelnd sich ihm zuneigt.
*(Man sieht Desdemona im Garten
vorübergehen.)*
Mit einem einzgen Schimmer
dieses Lächelns
stürz' ich Othello leicht in sein
Verderben.
Nun fort!
*(Er eilt schnell nach dem Aus-
gang zur Rechten, bleibt aber
plötzlich stehen.)*
Sieh da, der Zufall ist mir gün-
stig.
Wunderbar! Da kommt er!
Ans Werk denn!
*(Er bleibt, ohne sich zu rühren,
im Erker und blickt unverwandt
in den Garten, wo Cassio und
Desdemona stehen.)*

E poi? – La Morte è il Nulla.
È vecchia fola il Ciel.
*(Si vede passare nel giardino
Desdemona con Emilia. Jago si
slancia al verone, al di là del
quale si sarà appostato Cassio.)*
Jago *(parlando a Cassio):*
Eccola . . . – Cassio . . . a te . . .
Quest' è il momento.
Ti scuoti . . . vien Desdemona.

*(Cassio va verso Desdemona, la
saluta, le s'accosta.)*
S'è mosso; la saluta
E s'avvicina.
Or qui si tragga Otello! . . .
aiuta, aiuta
Satana il mio cimento! . . .
Già conversano insieme . . .
ed essa inclina,
Sorridendo, il bel viso.
*(Si vedono ripassare nel giardino
Cassio e Desdemona.)*
Mi basta un lampo sol di quel
sorriso
Per trascinare Otello alla
ruina.
Andiam . . .
*(Fa per avviarsi all'uscio del
lato destro, ma s'arresta subi-
tamente.)*
Ma il caso in mio favor s'ado-
pra.
Eccolo . . . al posto, all'opra.

*(Si colloca immoto al verone di
sinistra, guardando fissamente
verso il giardino, dove stanno
Cassio e Desdemona.)*

71

Der Dialog zwischen Jago und Othello, der den Beginn der schließlich tödlich endenden Intrige bedeutet, ist von Verdi in bewußter musikalischer Steigerung (die mit der dramatischen Boitos genau übereinstimmt) angelegt.
Der Anfang ist rezitativisch gestaltet, deutlicher Sprechgesang mit knapper Orchesteruntermalung kennzeichnet ihn; denn hier geht es um Textverständlichkeit . . . Bis zum ersten Wutausbruch Othellos, zu dem Jago seinen Herrn (und sein Opfer) bewußt hinführt.

3. SZENE

*Jago (tut, als ob er den auf ihn
zukommenden Othello nicht
bemerke und mit sich selber
spräche):* Mir gefällt's
nicht. . . .

Othello (sich Jago nähernd):
Was sagst du?

Jago: Gar nichts . . . Ihr hier?
Ach, das kam nur so über
meine Lippen . . .

Othello: Da ging doch eben
jemand von meiner Frau weg;
ist's Cassio?
*(Beide treten aus dem Erker
hervor)*

Jago: Cassio? Nein . . . Jener
dort schlich heimlich fort,
als er Euch sah.

Othello: Ich meine, es war Cassio.

Jago: Mein Gebieter . . .

Othello: Was willst du?

Jago: Cassio, hat er Desdemona
gekannt, bevor Ihr zur Gattin
sie wähltet?

Othello: Ja!
Doch was soll diese Frage?

Jago: Ach, manchmal hab' ich
düstre Gedanken,
doch keine bösen.

Othello: Und warum düster,
Jago?

Jago: Ihr schenkt ihm viel Vertrauen?

Othello: Oft bracht' er meiner
Frau
meine Briefe oder Geschenke.

Jago: Tatsächlich?

SCENA TERZA

*Jago (simulando di non aver
visto Otello il quale gli si sarà
avvicinato; fingendo di parlare
fra sè):* Ciò m'accora . . .

Otello (avvicinandosi a Jago):
Che parli?

Jago: Nulla . . . voi qui?
Una vana
Voce m'uscì dal labbro . . .

Otello: Colui che s'allontana
Dalla mia sposa, è Cassio?

*(L'uno e l'altro si staccano dal
verone.)*

Jago: Cassio? no . . . quei si
scosse
Come un reo nel vedervi.

Otello: Credo che Cassio ei
fosse.

Jago: Mio signore . . .

Otello: Che brami? . . .

Jago: Cassio, nei primi dì
Del vostro amor, Desdemona
non conosceva?

Otello: Sì.
Perchè fai tale inchiesta?

Jago: Il mio pensiero è vago
D'ubbìe, non di malizia.

Otello: Di' il tuo pensiero, Jago.

Jago: Vi confidaste a Cassio?

Otello: Spesso un mio dono o un
cenno
Portava alla mia sposa.

Jago: Dassenno?

Jago hat den ersten Stachel in Othellos Seele gesenkt. Nun be-
festigt er ihn dort mit seiner »Warnung« vor Eifersucht, diesem
quälendsten Gefühl, dessen vernichtende Wirkung er genau

Othello: Ja, tatsächlich! *(ruhig)*
Ist er nicht ehrlich?
Jago (Othello nachahmend):
Nicht ehrlich?
Othello: Was hast du zu verbergen?
Jago: Was sollt' ich, Herr, verbergen?
Othello: »Was sollt' ich, Herr,
verbergen?«
Beim Himmel, kannst du
nichts als mein Echo sein?
Im Grund deiner Seele liegt
verborgen
irgendein Ungeheuer.
Ja, was du sagtest, hab' ich
wohl gehört:
»Mir gefällt's nicht!«
Nun so sag, was mißfällt dir?
Du sprichst von Cassio
und ziehst dabei die Stirne in
Falten.
So rede, wenn du mein Freund
bist.
Jago: Muß ich das noch beweisen?
Othello: Also laß dich nicht bitten,
sprich jetzt ganz ohne
Umschweif!
Hol heraus aus den Tiefen all
deine bösen Gedanken,
sag sie mit bösesten Worten!
Jago: Hieltet Ihr auch in Händen alles Heil meiner Seele,
müßt' ich schweigen.
Othello: Ha!

Otello: Sì, dassenno. *(calmo)* Nol
credi onesto?
Jago (imitando Otello):
Onesto?
Otello: Che ascondi nel tuo
core?
Jago: Che ascondo in cor,
signore?
Otello: »Che ascondo in cor,
signore?«
Pel cielo! tu sei l'eco dei detti
miei; nel chiostro
Dell'anima ricetti qualche terribil mostro.

Sì, ben t'udii poc'anzi mormorar: ciò m'accora.
Ma di che t'accoravi? nomini
Cassio e allora
Tu corrughi la fronte. Suvvia,
parla se m'ami.

Jago: Voi sapete ch'io v'amo.

Otello: Dunque senza velami
T'esprimi e senza ambagi.
T'esca fuor dalla gola
Il tuo più rio pensiero colla più
ria parola!

Jago: S'anco teneste in mano
tutta l'anima mia
Nol sapreste.
Otello: Ah!

*kennt und berechnet: Mit leiser Stimme flüstert er Othello zu,
sich vor dieser »Hydra« zu hüten – und weiß nur zu gut, daß er
damit das Gegenteil erreicht:*

(17)

*Die folgende Szene gehört zu jenen, die nur in der Oper mög-
lich sind: Während Jago Othellos Argwohn weiter schürt, empfängt Desdemona im angrenzenden Garten eine liebliche Huldigung von Frauen, Kindern, einigen Seeleuten, die ihr in auf-
richtiger Zuneigung Blumen bringen. Eine Szene voll Licht und
Freundlichkeit (die – in schärfstem Gegensatz zu Jagos Worten
über die Eifersucht, die nur von dunklen Orchesterfarben begleitet waren – hell und volkstümlich von Mandolinen, Gitarren
und Dudelsäcken untermalt wird).*

*Jago (ganz nahe zu Othello mit
    leiser Stimme):*
Doch mögt Ihr vor Eifersucht
Euch hüten.
Sie gleicht der Hydra, haßer-
füllt, furchtbar,
die sich am eigenen Gift ver-
giftet,
gräßliche Plage, die jede Brust
zerfleischt.
Othello: O welches Elend!!
Doch nein, der leere
Argwohn genügt nicht.
Eh' ich zweifle, da prüfe ich,
bis der Zweifel bewiesen.
Und ist's bewiesen (Othello
hat höchste Gesetze!),
dann stirbt mit meiner Eifer-
sucht zugleich die Liebe!
Jago (mit dreister Miene):
Ein solcher Vorsatz löst von
meinen Lippen das Siegel.
Ich sprach nicht von Bewei-
sen, doch gebet acht,
Othello, überwacht sie!
Zu oft nur erkennen grad die
ehrlichen,
gutgläubigen Seelen den
Betrug nicht!
Überwacht sie und prüfet jede
Äußerung Desdemonas.
Ein Wort schon kann ihre
Treu' beweisen
oder stärkt Euren Argwohn.
Aufgepaßt! Überwacht sie!
*(Durch die breite Öffnung des
Hintergrundes sieht man Desde-
mona wieder im Garten erschei-
nen, umgeben von Frauen, Kin-
dern, cyprischen und albanischen*

*Jago (avvicinandosi molto ad
    Otello e sottovoce):*
Temete, signor, la gelosia!

È un'idra fosca, livida, cieca,
col suo veleno
Sè stessa attosca, vivida piaga
le squarcia il seno.

Otello: Miseria mia!! – No, il
vano sospettar nulla giova.
Pria del dubbio l'indagine,
dopo il dubbio la prova,
Dopo la prova (Otello ha sue
leggi supreme)

Amore e gelosia vadan dis-
persi insieme!
Jago (con piglio più ardito):
Un tal proposto spezza di mie
labbra il suggello.
Non parlo ancor di prova;
pur, generoso Otello,
Vigilate; soventi le oneste e
ben create
Coscienze non sospettano la
frode: vigilate.
Scrutate le parole di Desde-
mona, un detto
Può ricondur la fede, può
affermare il sospetto . . .
Eccola; vigilate . . .

*(Si vede ricomparire Desdemona
nel giardino, dalla vasta aper-
tura del fondo: è circondata da
donne dell'isola, da fanciulli, da
marinai ciprioti e albanesi, che si*

Seeleuten, welche ihr Blumen
und andere Geschenke überrei-
chen. Einige begleiten den Chor-
gesang mit der Mandoline,
andere mit kleinen Harfen.)
Chor (weit entfernt):
  Wo du hinschaust, strahlen die
  Augen dir entgegen.
  Wo du schreitest, senkt sich
  herab ein Blütenregen.
  In dem Blumenmeere pilgern
  Menschenscharen,
  bringen dir zu Ehren ihre Lieder dar.
Kinder (Lilien auf den Boden
  streuend):
  Wir bringen dir heut' den
  Lilienstab,
  den Gott den Engeln in die
  Hände gab.
  Er ziert den Mantel, verschö-
  nert das Kleid
  der sanften Madonna, der wir
  uns geweiht.
Chor:
  In die Lüfte schwinget
  froh sich der Gesang.
  Und die Laute klinget
  froh im gleichen Klang.

Seeleute (Desdemona Korallen
  und Perlenschnüre darbie-
  tend): Für dich die purpurnen
  Korallen und Perlen,
  die von dem Meeresgrund wir
  tauchend gepflückt.
  Sei, o Desdemona, mit unsern
  Gaben
  wie ein Heilgenbild von uns
  geschmückt.
Frauen und Kinder: Zur Man-

avanzano e le offrono fiori ed
altri doni. Alcuni s'accompag-
nano, cantando, sulla guzla, altri
su delle piccole arpe ad arma-
collo.)
Coro (molto lontano):
  Dove guardi splendono
  Raggi, avvampan cuori;
  Dove passi scendono
  Nuvole di fiori.
  Qui fra gigli e rose
  Come a un casto altare,
  Padri, bimbi, spose
  Vengono a cantar.
Fanciulli (spargendo al suolo
  fiori di giglio):
  T'offriamo il giglio,
  Soave stel
  Che in man degl' angeli
  Fu assunto in ciel,
  Che abbella il fulgido
  Manto e la gonna
  Della Madonna
  E il santo vel.
Coro: Mentre all'aura vola
  Lieta la canzon,
  L'agile mandòla
  Ne accompagna il suon.

Marinai (offrendo a Desdemona
  dei monili di corallo e di
  perle): A te le porpore,
  Le perle e gli ostri,
  Nella voragine
  Côlti del mar.
  Vogliam Desdemona
  Coi doni nostri
  Come un'immagine
  Sacra adornar.
Fanciulli e Donne: Mentre

dora klingen
soll der Freude Lied,
das die Luft auf Schwingen,
auf leichten Schwingen durch-
zieht.

Die Frauen (Laub und Blumen streuend):
Für dich, für dich die Blüten-
pracht,
sie soll dich grüßen.
Wir streuen sie dir zu Füßen.
Der Frühling dich umscheine,
du Engelreine, mit seinem Sil-
berglanz
als schönste Zier.

Kinder und Seeleute: In die
Lüfte schwinget
froh sich der Gesang.
Und die Laute klinget
froh im gleichen Klang.

Alle: Wo du hinschaust, strahlen
die Augen dir entgegen.
Wo du schreitest, senkt sich
herab ein Blütenregen.
In dem Blumenmeere pilgern
Menschenscharen,
bringen dir zu Ehren ihre Lieder dar.

Desdemona: Himmel, Luft und
Erde sind erfüllt von Lust!
Freude, Liebe, Hoffnung, sin-
gen in meiner Brust.

Chor: Leb immer glücklich in
Amors Reich!

Othello (innig bewegt): Das Singen überwältigt mich.
Wäre sie treulos, der Himmel
selber wär' es!
Wie der Gesang besänftigt.

all'aura vola
Lieta la canzon,
L'agile mandòla
Ne accompagna il suon.

Le Donne (spargendo fronde e fiori):
A te la florida
Messe dei grembi
A nembi, a nembi
Spargiamo al suol.
L'April circonda
La sposa bionda
D'un'etra rorida
Che vibra al sol.

Fanciulli e Marinai: Mentre
all'aura vola
Lieta la canzon,
L'agile mandòla
Ne accompagna il suon.

Tutti: Dove guardi splendono
Raggi, avvampan cuori;
Dove passi scendono
Nuvole di fiori.
Qui fra gigli e rose,
Come a un casto altare,
Padri, bimbi, spose
Vengono a cantar.

Desdemona: Splende il cielo,
danza
L'aura, olezza il fior.
Gioia, mor, speranza
Cantan nel mio cor.

Coro: Vivi felice! Addio. Qui
regna Amor.

Otello (soavemente commosso):
... Quel canto mi conquide.
S'ella m'inganna, il ciel sè
stesso irride!
Quel canto mi conquide.

81

Diese Szene bringt mehrere dramatisch wichtige Elemente ins Spiel: die ersten, von der aufkeimenden Eifersucht diktierten harten, unfreundlichen Worte Othellos zur ahnungslosen Desdemona und Jagos Raub des Taschentuches, das Desdemona entfallen war und von ihrer Kammerfrau Emilia aufgehoben wurde.

Jago: Die Lieb' und Schönheit in
hymnischer Eintracht!
Doch bald wird sie zerstört,
Eure Eintracht!
Eure Eintracht werde ich zer-
stören.

*(Nach Beendigung des Chorge-
sanges küßt Desdemona etliche
Kinder aufs Haupt, und die
Frauen küssen den Saum ihres
Kleides. Sie gibt den Seeleuten
eine Börse. Der Chor entfernt
sich. Desdemona kommt, von
Emilia gefolgt, in den Saal und
geht auf Othello zu.)*

Jago: Beltà ed amor in dolce
inno concordi!
I vostri infrangerò soavi
accordi.

*(Finito il Coro, Desdemona bacia
la testa d'alcuni tra i fanciulli, e
alcune donne le baciano il lembo
della veste, ed essa porge una bor-
sa ai Marinai. Il Coro s' allontana: Desdemona, seguita poi da
Emilia, entre nella sala e s'avanza
verso Otello.)*

4. SZENE

Desdemona (zu Othello):
Ein Mann, der leidet unter deinem Zorne,
läßt um Gnade dich bitten.
Othello: Und wer ist es?
Desdemona: Cassio.
Othello: So war er es,
der dich eben dort im Garten
ansprach?
Desdemona: Er war es. Mir ist
sein Schmerz sehr nah gegangen,
weil er so echt ist. Er verdiente
Gnade,
darum sprech' ich für ihn, für
ihn nur bitt' ich.
Du mußt verzeihen.
Othello: Nicht heute!
Desdemona: Doch du wirst es
nicht versagen?
Du vergibst ihm?

SCENA QUARTA

Desdemona (a Otello):
D'un uom che geme sotto il
tuo disdegno
La preghiera ti porto.
Otello: Chi è costui?
Desdemona: Cassio.
Otello: Era lui
Che ti parlava sotto quelle
fronde?
Desdemona: Lui stesso, e il suo
dolor che in me s'infonde
Tant'è verace che di grazia è
degno.
Intercedo per lui, per lui ti
prego.
Tu gli perdona.

Otello: Non ora.
Desdemona: Non oppormi il tuo
diniego.
Gli perdona.

Verdi legt der von Othellos Rauheit überraschten Desdemona
eine echte Liebesmelodie in den Mund, rein wie ihr Denken
und Fühlen, zärtlich und innig:

(Fortsetzung des Notenbeispiels S. 86)

84

Othello (mit Strenge): Nicht
heute!
Desdemona: Doch warum die
Gereiztheit in
deiner Stimme?
Was quält dich, was bedrückt
dich?
Othello: Mir brennen die Schlä-
fen.
*Desdemona (sie faltet ihr
Taschentuch, wie um Othello
die Stirne zu verbinden):*
Glaub mir, dieses Brennen
wird vergehn,
wenn mit diesem weichen
Tuch
ich dir die Stirne kühle.
*Othello (wirft das Taschentuch
zur Erde):* Laß mich damit in
Ruh!
Desdemona: Du bist heut' übel
gelaunt.
Othello (heftig): Nun laß mich!
So laß mich!

*(Emilia hebt das Taschentuch
vom Boden auf.)*

Desdemona: Wenn ich jemals
gegen dich, Herr,
mich vergangen,
dann sag ein Wort nur der Vergebung.
Othello (beiseite):
Wohl weil ich nichts von heite-
rer Liebeskunst verstehe?
*Jago (zu Emilia, mit gedämpfter
Stimme):*
Gib mir das Tuch her,

Otello (con asprezza): Non ora.

Desdemona: Perchè torbida
suona
La voce tua? Qual pena
t'addolora?

Otello: M'ardon le tempie . . .

*Desdemona (spiegando il suo
fazzoletto, come per fasciare la
fronte d' Otello):*
Quell' ardor molesto
Svanirà, se con questo
Morbido lino la mia man ti
fascia.

*Otello (getta il fazzoletto a
terra):* Non ho d'uopo di ciò.

Desdemona: Tu sei crucciato,
Signor!
Otello (aspramente): Mi lascia!
Mi lascia!

*(Emilia raccoglie il fazzoletto
dal suolo.)*

Desdemona: Se inconscia, con-
tro te, sposo, ho peccato,
Dammi la dolce e lieta
Parola del perdono.

Otello (a parte):
Forse perchè gli inganni
D'arguto amor non tendo
Jago (a Emilia sottovoce):

Quel vel mi porgi

(18)

das du genommen.

Emilia (ebenso zu Jago):
Sag, was du vorhast?
Ich ahne Schlimmes.

Desdemona: Bin ich denn nicht
dein Weib mehr,
demütig, sanft und ehrbar?

Othello: Oder auch, weil die
Jahre meiner Jugend vorbei
sind?

Jago: Du widersetzt dich,
wenn ich befehle?

Emilia: O deinen schandbaren
Neid,
den kenn ich.

Desdemona: Dich aber seh' ich
seufzen,
dumpf starrst du vor dich hin.

Jago: Welch dummes Mißtraun!

Emilia: Doch meine Hände
werden wachen.

Othello: Oder es ist die Farbe,
die Farbe meiner Haut?

Jago: Gib mir das Tuch!
*(Er packt Emilia heftig am
Arm.)*
Lern du meine wütenden
Hände kennen!

Desdemona: Schau mich doch
an, Geliebter!

Emilia: Bin deine Gattin,
nicht deine Sklavin.

Jago: Du bist die unreine Sklavin Jagos.

Desdemona: Hör, wie die Liebe
spricht!

Emilia: Mir sagt die Ahnung,
das gibt ein Unglück.

Jago: Wirst du gehorchen?

Emilia: Grausamer Mann!

Ch'or hai raccolto.

Emilia (sottovoce a Jago):
Qual frode scorgi?
Ti leggo in volto.

Desdemona: La tua fanciulla io
sono
Umile e mansueta;

Otello: Forse perchè discendo
Nella valle degl' anni,

Jago: T'opponi a vuoto
Quand'io comando.

Emilia: Il tuo nefando
Livor m'è noto.

Desdemona: Ma il labbro tuo
sospira,
Hai l'occhio fiso al suol.

Jago: Sospetto insano!

Emilia: Guardia fedel
È questa mano.

Otello: Forse perchè ho sul viso
Quest'atro tenebror,

Jago: Dammi quel vel!
*(Affera violentemente il brac-
cio di Emilia.)*
Su te l'irosa
Mia man s'aggrava!

Desdemona: Guardami in volto
e mira.

Emilia: Son la tua sposa,
Non la tua schiava.

Jago: La schiava impura
Tu sei di Jago.

Desdemona: Come favella
amor.

Emilia: Ho il cor presago
D'una sventura.

Jago: Nè mi paventi?

Emilia: Uomo crudel!

*Aus den zwei Duetten (Desdemona/Othello, Emilia/Jago)
baut Verdi – in alter Ensemblemeisterschaft – ein Quartett voller Spannung und gegensätzlicher Stimmungen: die flehende
Desdemona, die sich Othellos wachsende Wut nicht erklären
kann; der sich mühsam beherrschende, aber doch immer wilder
werdende Othello, der Desdemonas liebeerfüllte Haltung für
Verstellung hält; Jago, der rund um das durch Zufall und Gewalt in seine Hände geratene Taschentuch düstere Pläne zu
spinnen beginnt; Emilia, die ihrem Gatten mißtraut, von ihm
aber zum Schweigen gezwungen wird . . .*

Desdemona: Könnt ich dein
Herz erleichtern
und lindern deinen Schmerz.
Jago: Gib her!
Emilia: Was willst du?
Jago: Gib her das Tuch!
*(Mit einem Schlag auf die Hand
hat Jago das Taschentuch Emilia entrissen.)*
Emilia: Sein feiger Anschlag
darf nicht gelingen,
schütz uns der Himmel
vor Teufelsschlingen.
Othello: Sie ist verloren,
ich bin verspottet,
mein Herz zerbrochen,
und in Schmutz gezogen sehe
ich meinen Traum.
Jago: Nun geht mein Wunsch
in Erfüllung,
alles dient meinem Plane.
Jago hat Arbeit.
Desdemona: Sag mir ein liebes
Wort,
sag, daß du mir vergibst!
Othello: Verlaßt mich! Laßt
mich jetzt allein!
*Jago (leise zu Emilia, die im
Begriff ist, zu gehen):* Du
hältst deinen Mund, verstanden?
*(Desdemona und Emilia gehen
ab.)*
*(Jago tut, als ob er durch die Tür
im Hintergrunde fortgehen
wollte, bleibt aber vor derselben
stehen.)*

Desdemona: Vien, ch'io t'allieti
il core,
Ch'io ti lenisca il duol.
Jago: A me . . .
Emilia: Che tenti?
Jago: A me quel vel!
*(Con un colpo di mano Jago ha
carpito il fazzoletto ad Emilia.)*

Emilia: Vinser gli artigli
Truci e codardi.
Dio dai perigli
Sempre ci guardi.
Otello: Ella è perduta e irriso
Io sono e il core infrango
E ruinar nel fango
Vedo il mio sogno d'ôr.

Jago: Già la mia brama
Conquido, ed ora
Su questa trama
Jago lavora!
Desdemona: Dammi la dolce e
lieta
parola del perdon.
Otello: Escite! Solo vo'restar.

*Jago (sottovoce ad Emilia che
sta per uscire):* Ti giova
Tacer. Intendi?

(Desdemona ed Emilia escono.)

*(Jago finge d'escire dalla porta
del fondo, ma giuntovi, s'arresta.)*

Othello hat erschöpft alle aus dem Saal gewiesen. Während er auf einen Stuhl sinkt und Desdemonas »Untreue« – obwohl es keinen einzigen Beweis gibt, geben wird, geben kann! – für erwiesen hält, wird im Orchester immer wieder Jagos schleichendes Motiv (des Aktbeginns) hörbar, abgewandelt in vielerlei Gestalt, aber deutlich erkennbar und ungeheuer eindringlich, da durch seine gewissermaßen bohrende, quälende Gegenwart das Bohren und Quälen der Eifersucht in Othellos Herz und Hirn angedeutet wird.

(Gibt es hier – kaum musikalisch, sondern gedanklich, dramatisch – nicht doch irgendwie eine Verwandtschaft mit Wagners Leitmotivtechnik, ohne daß ein direkter Einfluß vorliegt?)

In einem gewaltigen erschütternden Ausbruch tobt Othello seinen ins Rasen gesteigerten Schmerz aus. Die Singstimme dominiert, deklamiert mit realistischem Ausdruck, spiegelt die ihn fast zerreißenden Gedanken und Gefühle Othellos, der sich Desdemonas Untreue grausam ausmalt. Die hohen Streicher im Tremolo bekräftigen die Erregung, Fagotte und Celli weben einen dunklen Kontrapunkt. Auf dem Höhepunkt seines Leids gedenkt Othello seiner glanzvollen Taten von einst, seiner heiligsten Gefühle, von denen es jetzt für immer Abschied zu nehmen gilt: Zwei Harfen begleiten diesen tragischen Abgesang früheren Ruhms:

(Notenbeispiel S. 92)

5. SZENE

Othello (sinkt ermattet auf einen Stuhl): Desdemona schuldig!

Jago (betrachtet im Hintergrunde verstohlen das Taschentuch und steckt es dann sorgfältig in sein Wams):

Mit diesem Tuch erbring' ich den Beweis für ihre sündige Lust.
Man braucht es nur in Cassios Wohnung zu finden.

Othello: Es wäre schrecklich!

Jago (Othello beobachtend):
Mein Gift beginnt zu wirken.

Othello: Falsch gegen mich! Gegen mich!!

Jago (finster): Quäl dich, tobe!

Othello: Entsetzlich!! Entsetzlich!!

Jago (hat sich dicht hinter Othello geschoben – treuherzig): Denkt doch nicht mehr daran!

Othello (auffahrend):
Du? Verschwinde! Geh jetzt!
O du hast mich gekreuzigt! Weh' mir!
Noch ärger als das Arge, schändlicher als Schande ist Argwohn.
Von den geheimen Stunden ihrer Wollust,
(die mir gestohlen!) gab mir da mein Innres
jemals ein Zeichen?
Ich war tapfer und fröhlich, ich hab' noch nichts gewußt, ich spürte nicht auf ihrem gött-

SCENA QUINTA

Otello (accasciato, su d'un sedile): Desdemona rea!

Jago (nel fondo, guardando di nascosto il fazzoletto, poi riponendolo con cura nel giustacuore):

Con questi fili tramerò la prova
Del peccato d'amor.
Nella dimora
Di Cassio ciò s'asconda.

Otello: Atroce idea!

Jago (fissando Otello): Il mio velen lavora.

Otello: Rea contro me! contro me!!!

Jago (cupo): Soffri e ruggi!

Otello: Atroce!!! . . . atroce!!!

Jago (dopo essersi portato accanto ad Otello, bonariamente): Non pensateci più.

Otello (balzando):
Tu?! Indietro! Fuggi!!
M'hai legato alla croce! . . .
Ahimè! . . . Più orrendo d'ogni orrenda ingiuria
Dell'ingiuria è il sospetto.
Nell'ore arcane della sua lussuria
(E a me furate!) m'agitava il petto
Forse un presagio? Ero baldo, giulivo . . .
Nulla sapevo ancor; io non sentivo
Sul suo corpo divin che

(Fortsetzung des Notenbeispiels S. 94)

lichen Leib,
der mich entzückte, auf den
treulosen Lippen
die heißen Küsse von Cassio!
Und heute?
Heut und für immer: Fahr
wohl, heilige Liebe!
Fahr wohl, was ich an Höchstem je gedacht!
Leb wohl, tapferes Heer, lebt
wohl ihr Siege,
fliegende Speere und mein
fliegendes Roß!
Fahr wohl, mein Banner,
durch Triumphe geheiligt!
Ihr Trompetensignale im Mor-
gengraun!
Dahin das Kampfgeschrei, die
Lieder, für immer!
Mit dem Ruhme Othellos ist es
aus!

m'innamora
E sui labbri mendaci
Gli ardenti baci
Di Cassio! Ed ora! . . . ed
ora . . .
Ora e per sempre addio, sante
memorie,
Addio, sublimi incanti del
pensier!
Addio, schiere fulgenti, addio,
vittorie,
Dardi volanti e volanti corsier!
Addio, vessillo trionfale e pio,
E diane squillanti in sul mat-
tin!
Clamori e canti di battaglia,
addio! . . .
Della gloria d'Otello è questo
il fin.

(19)

Dann geht, als er Jagos ansichtig wird, Othellos Toben von neuem los. Er stürzt sich auf ihn, vom Rasen des ganzen Orchesters begleitet. Jago spielt wieder einen Trumpf aus: Er tut, als wolle er nichts mehr als seinen Abschied, da seine »Treue« so schlecht belohnt wurde. Othello lenkt sofort ein. Selbst in diesem kaum noch zurechnungsfähigen Zustand fürchtet sein edles Herz, eine Ungerechtigkeit zu begehen. Er ist zwischen Glauben und Zweifel grausam zerrissen; das Orchester unterstreicht seine Bedrängnis mit synkopierten Rhythmen: Es ist der musikalische Ausdruck für das entsetzliche Dilemma, in dem er keinen klaren Gedanken fassen kann:

(Fortsetzung des Notenbeispiels S. 96)

94

Jago: Ruhig, o Herr!

Othello: Unglücksel'ger!
Beschaffe mir sichre Beweise,
daß Desdemona mir untreu.
Weich nicht aus! Nichts kann
dir helfen!
Einen Beweis brauche ich,
klar und sichtbar.
Kannst du ihn nicht schaffen, entlade sich
auf dein Haupt mein fürchterlicher Zorn,
wie die Blitze des Jüngsten
Gerichtes!
*(Er packt Jago an der Gurgel
und wirft ihn zu Boden.)*

Jago: Die Gnade Gottes
beschütze mich!
(sich wieder aufrichtend)
Der Himmel sei Euch gnädig!
Euer Fähnrich nimmt
Abschied.
O wenn ich doch die Welt zum
Zeugen hätte,
wie man hier Ehrlichkeit ein-
schätzt.
(tut, als wolle er gehen.)

Othello: Nein! Du bleibst jetzt!
Es kann sein, du bist ehrlich.

*Jago (auf der Schwelle, als ob er
ginge):* 's ginge mir besser,
wenn ich ein Schwindler wär'.

Othello: Bei allen Göttern!
Treu, glaube ich, ist Desdemona,

Jago: Pace, signor.

Otello: Sciagurato! mi trova
Una prova secura
Che Desdemona impura . . .
Non sfuggir! non sfuggir!
nulla ti giova!
Vo' una secura, una visibil
prova!
O sulla tua testa
S'accenda e precipiti il ful-
mine
Del mio spaventoso furor che
si desta!

*(afferando Jago alla gola e
lo atterra.)*

Jago: Divina grazia, difendimi!

(rialzandosi)
Il cielo
Vi protegga. Non son più
vostro alfiere.
Voglio che il mondo testimon
mi sia
Che l'onestà è periglio.

(Fa per andarsene.)

Otello: No . . . rimani.
Forse onesto tu sei.

*Jago (sulla soglia fingendo
d'andarsene):* Meglio var-
rebbe
Ch'io fossi un ciurmador.

Otello:
Per l'universo!
Credo leale Desdemona e

(20)

Jago fühlt, daß er diesem »Löwen von Venedig« nur noch einen kleinen Stoß versetzen muß, um ihn ganz zu vernichten.
Er erfindet einen Traum Cassios, den er angeblich belauschte
und dessen Wirkung auf Othello nicht schwer vorauszusehen
ist. Die gedämpften Streicher suggerieren die nächtliche Szene
glänzend, die zuerst wie hinter einem Schleier, dann immer pla-
stischer ins Bewußtsein tritt:

(Fortsetzung des Notenbeispiels S. 98)

96

und glaub' auch, daß sie es
nicht ist.
Dich glaub' ich ehrlich und
glaub' auch,
daß du's nicht bist.
Beweise brauch' ich! Brauche
die Gewißheit!

Jago (zu Othello zurückkehrend):
O Herr, nichts überstürzen!
Und wie wollt Ihr Gewißheit
haben?
Umschlungen vielleicht sie
sehen?

Othello: O Tod und Verdammnis!

Jago: Nun, das wäre recht
schwierig.
Was für Gewißheit erträumt
Ihr sonst,
wenn sich die niedre Handlung
stets Eurem Blick entzieht!
Doch wenn ich nachdenk' und
alles überprüfe,
stellt eine seltsame Vermutung
sich ein,
die beinahe Euch Gewißheit
könnt' verschaffen.
So hört denn
*(ganz nahe zu Othello mit lei-
ser Stimme):*
Es war zur Nachtzeit,
Cassio lag schlafend,
ich stand daneben.
Mit unterbrochnen Worten
verriet er nun sein Geheimnis.

credo
Che non lo sia; te credo onesto
e credo

Disleale . . . La prova io
voglio! voglio
La certezza!!

Jago (ritornando verso Otello):
Signor, frenate l'ansie.
E qual certezza v'abbisogna?
Avvinti
Vederli forse?

Otello: Ah! Morte e dannazione!!

Jago: Ardua impresa sarebbe; e
qual certezza
Sognate voi se quell'immondo
fatto
Sempre vi sfuggirà? . . . Ma
pur se guida
È la ragione al vero, una sì
forte
Congettura riserbo che per
poco
Alla certezza vi conduce.
Udite:

*(avvicinandosi molto ad Otello
e sottovoce)*
Era la notte, Cassio dormìa, gli
stavo accanto.

Con interrotte voci tradìa
l'intimo incanto.

97

(21)

Othello ist tief getroffen. Jago hat noch einen weiteren Trumpf auszuspielen, genau so haltlos, niederträchtig und bei näherer Prüfung beweisunfähig wie der andere. Aber Othello ist nicht mehr in der Lage, kühl abzuwägen, nachzuforschen. Und so versetzt Jago ihm die (sprichwörtlich gewordene) Geschichte mit dem Taschentuch: Er habe dieses Tüchlein in den Händen Cassios gesehen.
Klug nimmt Verdi das Orchester zurück, ja läßt es sogar aussetzen, um diese entscheidenden Sätze wortdeutlich werden zu lassen.

Die Lippen langsam,
langsam bewegend,
ganz hingegeben der Glut des
Traumes,
sagte er dann in zärtlichstem
Tone:
»Desdemona, du Süße!
Heimlich ist unsre Liebe.
Seien wir wachsam!
Seligkeit erfüllt mich
in deinen Armen.«
Und er ergab sich
dem süßen Wahne;
kummervoll zärtlich
schien er das Traumbild
gleichsam zu küssen.
Dann sprach er weiter:
»Dem bösen Schicksal fluch'
ich,
das dich dem Mohren gab.«
Danach entschwand der
Traum,
und er fiel zurück in tiefen
Schlaf.

Othello: Oh! Ihr Vergehn ist
schändlich!

Jago: Nur einen Traum erzählt'
ich.

Othello: Doch einen Traum, der
alles aufdeckt.

Jago: Vielleicht gar ein Beweis
mit all den anderen Indizien.

Othello: Die sind?

Jago: Ihr saht doch manchmal in
der Hand von Desdemona
ein feines Tüchlein, bestickt
mit Blumen,
dünn wie ein zarter Schleier?

Othello: Es ist das Tuch, das ich

Le labbra lente, lente, movea,
nell'abbandono
Del sogno ardente; e allor
dicea, con flebil suono:
»Desdemona soave! Il nostro
amor s'asconda.
Cauti vegliamo! L'estasi del
ciel tutto m'inonda.«
Seguia più vago l'incubo
blando; con molle angoscia,
L'interna imago quasi
baciando, ei disse poscia:
»Il rio destino impreco che al
Moro ti donò.«
E allora il sogno in cieco
letargo si mutò.

Otello: Oh! mostruosa
colpa!

Jago: Io non narrai
Che un sogno.

Otello: Un sogno che rivela un
fatto.

Jago: Un sogno che può dar
forma di prova
Ad altro indizio.

Otello: E qual?

Jago: Talor vedeste
In mano di Desdemona un tes-
suto
Trapunto a fior e più sottil
d'un velo?

Otello: È il fazzoletto ch'io le

Jago hat wieder richtig gerechnet, seine eiskalte Gemeinheit hat den Sinn Othellos nun restlos verwirrt. Mit wahren Donnerschlägen hat das Orchester von neuem zu rasen begonnen; es unterstreicht Othellos Toben, der nur noch einen Gedanken hat: Rache! (Italienisch: »Sangue«, Blut!)

(Fortsetzung des Notenbeispiels S. 102)

ihr brachte
als mein erstes Geschenk.
Jago: Und dieses Tüchlein . . .
Gestern . . . (das ist gewiß)
sah ich in Händen Cassios.
Othello: Ah! Hätt er tausend
Leben doch empfangen!
Eines ist nicht genug für meine
Rache!
Jago, jetzt schreckt mich
nichts mehr!
Jetzt leg' ich ab die Maske fal-
schen Mitleids.
Meine enttäuschte Liebe fahr
zum Himmel!
Sieh doch nur!
Verschwunden.
Fühl' schon, wie mich der
Hydra Arme umschlingen.
Ha! Rache! Rache! Rache!
(Er kniet nieder.)
Ja, beim Himmel will ich
schwören!
Bei dem fürchterlichen Blitz!

diedi, pegno
Primo d'amor.
Jago: Quel fazzoletto ieri
(Certo ne son) lo vidi in man di
Cassio.
Otello: Ah! mille vite gli donasse
Iddio!
Una è povera preda al furor
mio!!
Jago, ho il cor di gelo.
Lungi da me le pietose larve!
Tutto il mio vano amor esalo al
cielo;

Guardami, ei sparve.
Nelle sue spire d'angue
L'idra m'avvince!

Ah! sangue! sangue! sangue!
(S'inginocchia.)
Sì, pel ciel marmoreo giuro!
Per le attorte folgori!

(22)

Unfaßbar, aber von Shakespeare und Boito zum zwingenden Höhepunkt gestaltet, von Verdi zum dämonischsten Duett geformt: Jago kniet neben Othello nieder und vereint seinen Schwur (»beim Himmel«, an den er nie geglaubt hat!) mit dem seines Herrn, der nun vollends sein wehrloser Spielball geworden ist:

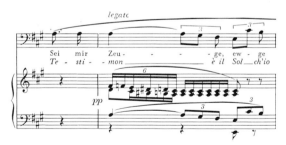

(Fortsetzung des Notenbeispiels S. 104)

Bei dem Tode, bei des Meeres
Sturm,
der uns verschlingt!
Mit der Wut, in der ich bebe,
sei die Rache ausgeführt
von der Hand, die jetzt ich
hebe!
*(Er streckt die Hand zum
Himmel empor.)*

Per la Morte e per l'oscuro mar
sterminator!
D'ira e d'impeto tremendo
presto fia che sfolgori
Questa man ch'io levo e
stendo!

(levando la mano al cielo.)

*(Er will aufstehen, Jago drückt
ihn wieder auf die Knie und
kniet ebenfalls nieder.)*
Jago: Nein, steht noch nicht auf!
Sei mir Zeuge, ew'ge Sonne,

*(Otello fa per alzarsi; Jago lo
trattiene inginocchiato, e
s'inginocchia anch'esso.)*
Jago: Non v'alzate ancor!
Testimon è il Sol ch'io miro,

(23)

Und beider Stimmen dröhnen gewaltig, in den gleichen Grund-
rhythmus, in vollendeten Zusammenklang gezwungen: Jagos
dunklerer, dämonischer Kontrapunkt zum letzten Aufbäumen
von Othellos freiem, wenn auch schon von Besessenheit ge-
zeichnetem Willen:

(Notenbeispiel S. 106)

104

die mir strahlt und mich
belebt!
Seid mir Zeuge, weite Erde,
großes Weltenall,
daß Othello ich mich weihe,
meinen Geist und alle Kraft
auch dem blut'gen Werke
leihe,
wenn's sein Wille ist!

che m'irradia e inanima,
L'ampia terra e il vasto spiro
del Creato inter,
Che ad Otello io sacro ardenti,
core, braccio ed anima
S'anco ad opere cruenti s'armi
il suo voler!

(Fortsetzung des Notenbeispiels S. 108)

Jago und Othello (zum Schwur die Hände erhebend):

Ja, beim Himmel will ich schwören!

Jago e Otello (insieme, alzando le mani al cielo come chi giura):

Sì, pel ciel marmoreo giuro!

(24)

Bei dem fürchterlichen Blitz,
bei dem Tode, bei des Meeres
Sturm,
der uns verschlingt!
Mit der Wut, in der ich bebe,
sei die Rache bald
von der Hand getan, die jetzt
ich hebe!
Gott, rächender Gott!

per le attorte folgori!
Per la morte e per l'oscuro mar
sterminator!
D'ira e d'impeto tremendo
presto fia che sfolgori
Questa man ch'io levo e
stendo. Dio vendicator!

Das Vorspiel zum dritten Akt ist aus dem »Motiv der Eifer-
sucht« gewebt, wie Jago es, nachdem er den ersten Verdacht in
Othellos Seele gesät, diesem leise ins Ohr geflüstert hat (Bei-
spiel Nr. 17). Zuerst in völligem, fast tonlosem Pianissimo
(Bratschen in undeutlichem Gemurmel, Celli in tiefster Lage);
hierauf mit vollem Orchester – bedeutet dies den Triumph der
Intrige, das nun ausgebrochene, nicht mehr einzudämmende
Rasen der Eifersucht?

Das Thema der Eifersucht wird für einen Augenblick unterbro-
chen, als der Herold das Herannahen einer venezianischen Ga-
leere ankündigt. Aber es wird (im Schlußteil) nochmals aufge-
nommen, als Othello und Jago in ihrem anscheinend unterbro-
chenen Gespräch fortfahren. Daß sich dieses um nichts anderes
als Desdemonas »Untreue« drehen kann, ist klar; denn nichts
anderes mehr interessiert – und quält – den »Helden von Cy-
pern«.

110

DRITTER AKT

Der Hauptsaal des Schlosses.
Zur Rechten ein breiter Säulen-
gang, der mit einem kleinen Saal
in Verbindung steht. Im Hinter-
grund ein Erker mit Balkon.

ATTO TERZO

La gran sala del castello. A
destra, un vasto peristilio a
colonne. Questo peristilio è
annesso ad una sala di minori
proporzioni; nel fondo della sala,
un verone.

1. SZENE

Herold (aus dem Säulengange
zu Othello, der mit Jago im
Saale sich befindet):
Wie die Wache des Hafens
meldet,
naht die Galeere von Venedig,
die die Gesandten nach
Cypern herführt.
Othello: Es ist gut.
(Er gibt dem Herold einen
Wink, sich zu entfernen) –
(Dieser geht ab) (zu Jago):
Sprich weiter.
Jago: Hier treff' ich Cassio, stell'
ihm so schlaue Fragen,
daß er am Ende schwatzt.

(auf das Gemach im Erker zei-
gend)
Ihr, dort verborgen, beobachtet genau
all' seine Worte, Gebärden
und Mienen.
Doch Geduld ist nötig, sonst
entgeht der Beweis Euch.
Da kommt Desdemona.
Jetzt heißt es heucheln . . .
Ich gehe.

SCENA PRIMA

Araldo (dal peristilio, a Otello
che sarà con Jago nella sala):
La vedetta del porto ha segna-
lato
La veneta galea che a Cipro
adduce
Gli ambasciatori.
Otello (all'Araldo, facendogli
cenno di allontanarsi –
l'Araldo esce): Bene sta.
(a Jago): Continua.

Jago: Qui trarrò Cassio e con
astute inchieste
Lo adescherò a ciarlar. Voi là
nascosto
(indicando il vano del verone)

Scrutate i modi suoi, le sue
parole,
I lazzi, i gesti. Paziente siate
O la prova vi sfugge. Ecco
Desdemona.
Finger conviene . . . io vado.

Der Eintritt Desdemonas ändert den Charakter der Musik, ein Lichtstrahl scheint mit ihr noch einmal in den von düstersten Gedanken erfüllten Saal gekommen zu sein. Desdemonas unschuldige, liebevolle Seele spiegelt sich in einer neuen Melodie:

(25)

Fast ohne es zu wollen, geht Othello auf ihren Ton ein, ein kurzer zärtlicher Dialog läßt noch einmal an eine gute Lösung des

(Entfernt sich, um fortzuge-
hen, macht dann kehrt und
nähert sich Othello, um ihm
ein letztes Wort zu sagen.)
Denkt an das Taschentuch . . .
Othello: Geh! O wie gerne dächt'
ich nicht mehr daran.
(Jago ab)

(S'allontana come per uscire,
poi s'arresta e si riavvicina ad
Otello.)

Il fazzoletto . . .
Otello: Va! volentieri obliato
l'avrei.
(Jago esce.)

2. SZENE
Desdemona (durch die Tür zur
Linken, noch auf der
Schwelle):
Gott mach dich froh,
Geliebter,
dem ich so ganz gehöre!
Othello (geht Desdemona entge-
gen und nimmt sie bei der
Hand):
Dank Euch, Madonna, reicht
mir doch
die schönste aller Hände.
Sie ist so weiß wie Elfenbein,
so schimmernd, zart und
weich.
Desdemona: Weil sie noch keine
Spuren von Gram und Alter
kennt.
Othello: Und doch wohnt drin
ein Dämon,
der zur Sünde sie verleitet
und aus dem zarten Elfenbein
vorstreckt die kleinen Krallen.
Und wie innig sie zum Beten
sich faltet,
in frommer Andacht . . .
Desdemona: Es ist dieselbe
Hand noch,

SCENA SECONDA
Desdemona (dalla porta di sini-
stra ancora presso alla soglia):

Dio ti giocondi, o sposo
dell'alma mia sovrano.

Otello (andando incontro a Des-
demona e prendendole la
mano):
Grazie, madonna, datemi la
vostra eburnea mano.
Caldo mador ne irrora la mor-
bida beltà.

Desdemona: Essa ancor l'orme
ignora del duolo e dell'età.

Otello: Eppur qui annida il
demone gentil del mal consi-
glio,
Che il vago avorio allumina del
piccioletto artiglio.
Mollemente alla prece s'atteg-
gia e al pio fervore . . .

Desdemona: Eppur con questa
mano io v'ho donato il core.

113

Dramas denken, aber da wird Othello schon wieder von seiner Wahnidee befallen. Noch hält die Musik an der hellen, glücklichen Melodie fest, doch Desdemonas Erwähnung Cassios zerreißt die Stimmung endgültig.

Schnell wächst die Spannung, vergeblich sucht Desdemona sie wieder in den Tonfall freundlicher Zuneigung zurückzubiegen, der stets ihre Dialoge mit dem Geliebten ausgezeichnet haben dürfte. Othellos Argwohn und Wut steigen rasch an, besonders, als Desdemona ihm ein anderes Taschentuch präsentiert als das gewohnte: So hat Jago doch die Wahrheit gesprochen, Desdemona ist untreu.

mit der ich dir mein Herz gab.
Doch laß uns nochmals sprechen von Cassio.

Othello: Da ist schon wieder dieser lästige Kopfschmerz.
Kannst dein Tuch du mir
geben?

*Desdemona (ein Taschentuch
ziehend):* Da nimm.

Othello: Nein! Ich will von dir
das Tuch,
das ich dir geschenkt.

Desdemona: Hab's nicht bei mir.

Othello: Desdemona! Weh',
wenn's verloren! Wehe!
Denn eine Zaubrin hat es
durchwoben
mit viel Geheimnis:
in ihm verborgen ruht höchster Zauber,
es ist ein Talisman.
Höre! Verlierst du's oder ver-
schenkst es,
so gibt's ein Unglück!

Desdemona: Sagst du die Wahrheit?

Othello: Ich sag' die Wahrheit!

Desdemona: Du jagst mir Angst
ein!

Othello: Wie?! Hast du es verloren?

Desdemona: Nein . . .

Othello: Dann such es.

Desdemona: Geduld nur . . . Ich
such's nachher . . .

Othello: Nein! Jetzt!

Desdemona: Ach, du machst ja
nur Spaß mit mir, lenkst ab
von meiner Bitte für Cassio.

Ma riparlar vi debbo di Cassio.

Otello: Ancor l'ambascia
Del mio morbo m'assale; tu la
fronte mi fascia.

*Desdemona (porgendogli un faz-
zoletto):* A te.

Otello: No; il fazzoletto voglio
ch'io ti donai.

Desdemona: Non l'ho meco.

Otello: Desdemona, guai se lo
perdi! guai!
Una possente maga ne ordìa lo
stame arcano:
Ivi è riposta l'alta malìa d'un
talismano.

Bada! smarrirlo, oppur do-
narlo, è ria sventura!

Desdemona: Il vero parli?

Otello: Il vero parlo.

Desdemona: Mi fai paura! . . .

Otello: Che?! l'hai perduto
forse?

Desdemona: No . . .

Otello: Lo cerca.

Desdemona: Fra poco . . . Lo
cercherò . . .

Otello: No, tosto!

Desdemona: Tu di me ti fai
gioco. Storni così l'inchiesta di
Cassio; astuzia è questa

Wie schlau hast du dir das aus-
gedacht.
Othello: Beim Himmel! In mei-
ner Seele tagt es! Schaff mir
das Tuch her!
Desdemona: Ist Cassio als
Freund dir nicht der liebste?
Othello: Schaff mir das Tuch
her!!
Desdemona: Ich flehe um Gnade
für Cassio!
Othello (fürchterlich): Schaff mir
das Tuch her!!!
Desdemona: O Gott! Das klingt
beinahe, als wolltest du mir
drohen!
Othello: Sieh mir ins Auge!
*(Er faßt sie mit Gewalt unterm
Kinn und bei der Schulter und
zwingt sie, ihn anzusehen.)*
Desdemona: Was denkst du da?
Othello: Sieh mir ins Auge! Sag,
wer du bist!
Desdemona: Ich bin deine treue
Gattin.
Othello: Schwör es! Schwör's
und verdamm dich!
Desdemona: Othello, du mußt
mir glauben!
Othello: Für mich bist du unrein.

Desdemona: Mein Gott, erbarm
dich!
Othello: Laufe in dein Verderben. Sag, daß du keusch bist!
*Desdemona (die Augen fest auf
ihn richtend):* Glaub mir . . .
Ich bin's . . .
Othello: Schwör's und verdamm
dich!

Del tuo pensier.

Otello: Pel cielo! l'anima mia si
desta!
Il fazzoletto . . .
Desdemona: È Cassio l'amico
tuo diletto.
Otello: Il fazzoletto!!

Desdemona: A Cassio perdona . . .
Otello (terribile): Il fazzoletto!!

Desdemona: Gran Dio! nella tua
voce v'è un grido di minaccia!

Otello: Alza quegl' occhi!
*(prendendola a forza sotto il men-
to e per le spalla e obbligandola a
guardarlo.)*
Desdemona: Atroce idea!
Otello: Guardami in faccia!
Dimmi chi sei!
Desdemona: La sposa fedel
d'Otello.
Otello: Giura!
Giura e ti danna . . .
Desdemona: Otello fedel mi
crede.
Otello: Impura
Ti credo.
Desdemona: Iddio m'aiuti!

Otello: Corri alla tua condanna,
di' che sei casta.
Desdemona (fissandolo):
Casta . . . lo son . . .

Otello: Giura e ti danna!!!

Sie schwört – ohne die Anklage überhaupt fassen zu können; diese ist ja so himmelweit von ihrem Wesen entfernt. Das Orchester malt die wachsende Unruhe, die qualvolle Erregung, der Desdemona schutzlos preisgegeben ist. Sie rafft alle Innigkeit zusammen, um den Dämon aus ihres Gatten Gedanken zu bannen:

(26)

118

Desdemona: Ich bin zu tiefst
  getroffen.
  Wie furchtbar du mich
  anschaust.
  Aus dir spricht eine Furie,
  ich fühl' es und kann's nicht
  fassen.
  Oh, sieh doch, wie ich mein
  Innres dir enthülle:
  erkenne doch mein gebroch-
  nes Herz!
  Ich bete ja nur für dich, wenn
  ich hier weine,
  für dich nur fallen brennende
  Tropfen
  auf diesen Stein.
  Sieh nur: die ersten Tränen,
  die der Gram zum Fließen
  bringt.

Desdemona: Esterrefatta fisso lo
  sguardo tuo tremendo,
  In te parla una Furia, la sento e
  non l'intendo.

  Mi guarda! Il volto e l'anima ti
  svelo; il core infranto
  Mi scruta . . . io prego il cielo
  per te con questo pianto.
  Per te con queste stille cocenti
  aspergo il suol.
  Guarda le prime lagrime che
  da me spreme il duol.

Doch der Dämon hat sich Othellos schon zu sehr bemächtigt, als daß er Desdemonas aufrichtiges Flehen hören und würdigen könnte.

In einer noch gesteigerten, höchst innigen Phrase denkt dieser Engel von einer Frau nicht an den eigenen Schmerz, sondern an Othellos Leid, das sie in seinen tränenfeuchten Augen sieht. Othello ist außer sich vor Raserei; er beschimpft und beleidigt Desdemona, die sich verzweifelt gegen so viel Ungerechtigkeit und Schmach zu verteidigen sucht.

Othello: Wenn dich so jetzt dein
   Dämon säh',
   er würd' an solchem Engel
   sich nicht vergreifen.
Desdemona: Seh der All-
   mächt'ge meine Treue!
Othello: Nein! Die sieht nur die
   Hölle!
Desdemona: Gerechtigkeit will
   ich von dir, Othello!

Othello: Ha! Desdemona! Hör
   auf jetzt! Hör auf jetzt!!
Desdemona: Wie? Auch du
   weinst?
   Und bezwingst nur mühsam
   die Qual im Herzen!
   Ach, und ich trage schuldlos
   die Schuld
   für all die Tränen!
   Was tat ich Böses?
Othello: Du fragst noch? *(finster)*
   Die veruchteste Untat,
   Sie ist dir in dein lilienweißes
   Gesicht geschrieben.
Desdemona: Weh' mir!
Othello: Wie? Bist du nicht eine
   schamlose Dirne?
Desdemona: Gott! Nein, nein!
   Bei dem heil'gen Sakramente
   der Taufe ...
Othello: Wie?
Desdemona: Ah! Dieses Wort
   der Schande verdien' ich nie
   und nimmer!

*(Othello geht vom Zorn zu
fürchterlicher Ironie über, nimmt
Desdemona bei der Hand und
geleitet sie zur Tür, durch welche
   sie eingetreten.)*

Otello: S'or ti scorge il tuo
   demone,
   un angelo ti crede
   E non t'affera.
Desdemona: Vede l'Eterno la
   mia fede!
Otello: No! La vede l'inferno.

Desdemona: La tua giustizia
   impetro,
   Sposo mio!
Otello: Ah! Desdemona! Indi-
   etro! Indietro! Indietro!
Desdemona: Tu pur piangi?! ...

   e gemendo freni del cor lo
   schianto
   E son io l'innocente cagion di
   tanto pianto!

   Qual è il mio fallo?
Otello: E il chiedi? ... *(cupo)*
   Il più nero delitto
   Sovra il candido giglio della
   tua fronte è scritto.
Desdemona: Ahimè!
Otello: Che? non sei forse una vil
   cortigiana?
Desdemona: Ciel! No ... no ...
   pel battesmo della fede cri-
   stiana! ...
Otello: Che?
Desdemona: Non son ciò che
   esprime quella parola
   orrenda.

*(Otello, mutando d'un tratto l'ira
nella più terribile calma dell'iro-
nia, prende Desdemona per
mano e la conduce alla porta
   d'onde entrò.)*

121

Dann verändert sich Othellos Stimme plötzlich: Das Orchester zitiert Desdemonas liebevolle Melodie (Beispiel Nr. 25), mit der sie in den Saal eingetreten war. Othello nimmt sie auf, aber sie klingt aus seinem Munde bitter und ironisch. Er kann sie trotz der Komödie, die er in diesem Augenblick spielt, nicht durchhalten und schreit ihr neue Beleidigungen ins Gesicht.

Todestraurig ist Desdemona abgegangen. Das volle Orchester rast und tobt noch eine Zeitlang weiter, so als gebe es Othellos Seelenzustand wieder. Zuletzt geht es in äußerste Niedergeschlagenheit über, mit »gebrochener Stimme« weiß Othello seiner Verzweiflung nur noch beinahe flüsternd Ausdruck zu verleihen. Ein klagendes Motiv (das aus jenem von Jagos Schlechtigkeit abgeleitet erscheint) durchzuckt wie Seufzen oder Schluchzen das Orchester lange Zeit hindurch.

Dann schlägt, von leisem Streichertremolo und weichen Bläserakkorden gestützt, Othellos Leiden in Erinnerung an die Geliebte um, eine neue Melodie will im Orchester aufblühen.

Othello: Reicht mir die schönste
   aller Hände,
   Ich will es büßen!
   Denn ich glaubte,
   (o verzeiht mir den sündigen
   Gedanken)
   diese schamlose Dirne
   wär' die Gattin Othellos.
(Othello nötigt mit einer Beu-
gung des Armes, ohne ihr zu öff-
nen, Desdemona fortzugehen.
Dann kehrt er in die Mitte der
Bühne mit dem Ausdruck tiefster
Niedergeschlagenheit zurück.)

3. SZENE
Othello (mit gebrochener
   Stimme):
   Gott! Wären auf mich
   gehäuft alle Qualen
   In diesem Elend und dieser
   Schande . . .
   Und meine kühnen und stol-
   zen Triumphe
   wären zertrümmert, wären nur
   Lüge:
   ich hätt' geduldig getragen das
   Kreuz der Schande,
   dem Kummer die Stirn gebo-
   ten
   und mich gefügt in den Willen
   des Herrn.
   Doch, o Gram, o Schmerz!
   Man entriß mir das Wahnbild,
   das mir so süß die Seele beruhigt.
   Tot dieses Licht, diese Anmut,
   dies Strahlen,
   das mich belebte und mich so

Otello: Datemi ancor l'eburnea
   mano, vo' fare ammenda.
   Via credea (perdonate se il mio
   pensiero è fello)

   Quella vil cortigiana ch'è la
   sposa d'Otello.
(Alle ultime parole, Otello che
sarà sul limitare della porta di
sinistra, sforza, con una infles-
sione del braccio, Desdemona ad
uscire. Poi ritorna verso il centro
della scena nel massimo grado
dell'abbattimento.)

SCENA TERZA
Otello (voce soffocata):

   Dio! mi potevi scagliar
   tutti i mali
   Della miseria, – della ver-
   gogna,
   Far de' miei baldi trofei trion-
   fali
   Una maceria, – una men-
   zogna . . .
   E avrei portato la croce crudel
   D'angoscie e d'onte
   Con calma fronte
   E rassegnato al volere del ciel.

   Ma, o pianto, o duol! m'han
   rapito il miraggio
   Dov'io, giulivo, – l'anima
   acqueto.
   Spento è quel sol, quel sorriso,
   quel raggio
   Che mi fa vivo, – che mi fa

123

Dann schneidende Akkorde: Seine schrankenlose Wut schlägt von neuem empor. Nur noch eines will er, das Geständnis und dann den unbarmherzigen Tod.

Er stürzt auf den eintretenden Jago los: Den Beweis will er haben, den Beweis! Jago drängt Othello in ein Versteck, von dem aus er das Gespräch zwischen Jago und Cassio verfolgen kann, ohne es jedoch genau zu verstehen. Darin besteht des Verbrechers Plan; denn so will er den »Beweis« für seine Verleumdungen liefern, so den Tod Cassios und Desdemonas, vielleicht auch den Othellos herbeiführen.
Es dauert noch eine Weile, bis die starke Erregung des Orchesters – es ist die Othellos – sich entspannt.

Nun wird Othello regelrecht von Jago auf die Folter gespannt. Mit scheinheiliger Freundlichkeit geht dieser Cassio entgegen, geleitet ihn genau zu jenem Punkt, der noch in Othellos Blickfeld liegt:

(Fortsetzung des Notenbeispiels S. 126)

124

froh gemacht!
Und du, o Gnade, unsterbli-
cher, freundlich sanfter
Schutzgeist,
man hat dein heil'ges Antlitz
mit teuflischer Maske verhüllt!

lieto!
Tu alfin, Clemenza, pio genio
immortal
Dal roseo riso,
Copri il tuo viso
Santo coll'orrida larva infer-
nal!

4. SZENE

Othello: Tod und Verdammnis!
Er muß vorher bekennen
und dann verrecken!
Erst gestehn! Erst gestehn!
(Jago tritt ein.)
Beweise!
Jago (auf den Eingang zeigend):
Cassio kommt!
Othello: Kommt?! Himmel!
O Freude!! *(mit Schaudern)* O
Graun! O Schmutz! O Mar-
ter!!
Jago: Besinnung! Und versteckt
Euch!
*(Er zieht Othello schnell in den
Hintergrund zur Linken, wo der
Erker sich befindet. Sobald Jago
Othello im Erker versteckt hat,
läuft er auf den Säulengang zu
und stößt auf Cassio, der eben
eintritt.)*

SCENA QUARTA

Otello: Ah! Dannazione!
Pria confessi il delitto e poscia
muoia!
Confession! Confession . . .
(Entra Jago.)
La prova! . . .
*Jago (accanto ad Otello e indi-
cando l'ingresso):* Cassio è là!
Otello: Là?! Cielo! Oh gioia!!
(poi con subito raccapriccio)
Orror! – Supplizî immondi!!

Jago: Ti frena! Ti nascondi.

*(Conduce rapidamente Otello nel
fondo a sinistra dove c'è il vano
del verone; corre verso il fondo
del peristilio dove incontra Cassio che esita ad entrare.)*

125

(27)

Harmlos erwähnt Cassio, er habe Desdemona hier vermutet, um bei ihr etwas über seine Rehabilitierung zu erfahren.

Jago weiß es so zu lenken, daß Othello nichts weiter als den Namen Desdemona vernimmt. Dann verleitet Jago Cassio, von seiner Geliebten zu sprechen; Othello hört nur dessen Auflachen, nicht aber, wie Jago ihn immer weiter ins Erzählen treibt:

(Fortsetzung des Notenbeispiels S. 128)

5. SZENE

Jago (zu Cassio): Hierher; leer
  ist die Halle.
So komm doch; nur Mut, Herr
  Hauptmann!
Cassio: Dieser Titel verletzt den,
  der ihn nicht mehr besitzt.

Jago: Nur Mut! Deine Sache in
  solcher Hand
  ist so gut wie sicher.
Cassio: Ich hab' geglaubt, ich
  träfe hier Desdemona.
Othello (verborgen): Er spricht
  von ihr.
Cassio: Gern hätte ich erfahren,
  ob Begnadigung für mich
  schon erwirkt ist.
Jago (heiter): Geduld nur,
  (Er zieht Cassio dicht an die
  vorderste Säule des Peristyls.)

Inzwischen, zumal ja dein
  Mundwerk niemals ermüdet,
Possen zu erzählen, plaudre
  von der, die sich in dich ver-
  liebt hat.
Cassio: Von wem?
Jago (leise): Von Bianca.

Othello: Er lacht schon.
Cassio: Unsinn!
Jago: Sie umgarnt dich mit ihren
  Reizen.

SCENA QUINTA

Jago (a Cassio): Vieni; l'aula è
  deserta.
T'inoltra, o Capitano.

Cassio: Questo nome d'onor
  suona ancor vano
  Per me.
Jago: Fa cor, la tua causa è in tal
  mano
  Che la vittoria è certa.
Cassio: Io qui credea di ritrovar
  Desdemona.
Otello (nascosto): Ei la nomò.

Cassio: Vorrei parlarle ancora,
  Per saper se la mia grazia è
  profferta.
Jago (gaiamente): L'attendi.
  (conducendo Cassio accanto
  alla prima colonna del peristi-
  lio)
E intanto, giacchè non si stanca
Mai la tua lingua nelle fole
  gaie,
Narrami un po' di lei che t'in-
  namora.
Cassio: Di chi?
Jago (sottovoce assai):
  Di Bianca.
Otello: Sorride!
Cassio: Baie! . . .
Jago: Essa t'avvince
  Coi vaghi rai.

(28)

Heiter fließt die Musik dahin, leicht und unbeschwert. Sie schneidet Othello ins blutende Herz. Sein zweimaliger schmerzvoller Aufschrei kontrastiert grausam mit der betonten Unwichtigkeit des Gesprächs der beiden Soldaten. Als Othello näherschleicht und Cassio zu laut wird, versteht es Jago, diesen zu entfernen.

Cassio: Du machst mich lachen!

Jago: Lache nur, Sieger!

Cassio (lachend): Wird man auf
solche Art provoziert,
siegt man durch Lachen. Ha,
ha!

Jago (lachend): Ha, ha!

Othello (im Erker): O dieses Lachen, dieses Spotten ist tödlich. Gott, halt zurück, was mir
die Brust sprengen will!

Cassio: Ich bin schon satt vom
Küssen und Klagen.

Jago: Da muß ich lachen.

Cassio: Nichts dauert ewig!

Jago: Gelüstet's dich nach anderem Fleisch? Hab ich's getroffen?

Cassio: Ha, ha!

Jago: Ha, ha!

Othello: O dieses Lachen,
dieses Spotten ist tödlich.
Gott halt zurück, was mir die
Brust sprengen will!

Cassio: Du hast's getroffen. Ja,
ich gesteh' es.
Höre . . .

Jago: Rede doch leiser, ich hör'
schon.
*(Jago zieht Cassio weiter von
Othello fort.)*

Cassio: Jago, du warst doch in
meiner Wohnung . . .
(Die Worte verlieren sich.)

*Othello (nähert sich mit Vorsicht,
um besser zu verstehen):*
Ach, jetzt erzählt er, wie's an-
fing,
wo's stattfand, die Stunde . . .

Cassio: Rider mi fai.

Jago: Ride chi vince.

Cassio (ridendo): In tali disfide, –
per verità
Vince chi ride. – Ah! Ah!

Jago (ridendo): Ah! Ah!

Otello (dal verone): L'empio
trionfa, il suo scherno
m'uccide;
Dio, frena l'ansia che in core
mi sta!

Cassio: Son già di baci
Sazio e di lai.

Jago: Rider mi fai.

Cassio: O amor' fugaci!

Jago: Vagheggi il regno - d'altra
beltà. Colgo nel segno?

Cassio: Ah! Ah!

Jago: Ah! Ah!

Otello: L'empio m'irride, - il suo
scherno m'uccide;
Dio, frena l'ansia che in core
mi sta!

Cassio: Nel segno hai côlto.
Sì, lo confesso.
M'odi . . .

Jago: Sommesso parla. T'ascolto.
*(Jago conduce Cassio in posto
più lontano da Otello.)*

Cassio: Jago, t'è nota
La mia dimora . . .
(Le parole si perdono.)

*Otello (avvicinandosi un poco e
cautamente per udir ciò che di-
cono):*
Or gli racconta il modo,
Il luogo e l'ora . . .

129

Und so vernimmt Othello nichts von dem, was Cassio arglos Jago erzählt: daß er in seiner Wohnung ein feines Taschentüchlein gefunden und keine Ahnung habe, wie es dorthin gekommen sei. Jago verlangt, es zu sehen – sein Spiel ist von letzter Abgefeimtheit. Hat er selbst doch Desdemonas Tuch, das er gewaltsam Emilia entrissen, in Cassios Wohnung gebracht, als er diesen abwesend wußte.

Auf Jagos Bitte zieht Cassio das Tüchlein hervor. Jago nimmt es ihm aus der Hand und spielt damit – so, daß Othello es deutlich erkennen muß.
Die Musik ist weiterhin heiter und beschwingt, warum sollte sie auch anders sein? Zwei Kameraden erzählen einander eine tolle Geschichte . . .

Cassio: Und als ich eintrat . . .
  (Die Worte verlieren sich wieder.)
Othello: Ich versteh' nicht die
  Worte . . . Teufel!
  Und hört' sie so gern! Wohin
  nur kam ich?!
Cassio: Ein feines Tüchlein . . .
Jago: Wie seltsam! Wie seltsam!
Othello: Ich soll mich nähern, Jago macht mir Zeichen.
  *(Er schleicht sich vorsichtig
  hinter eine Säule.)*

Jago: Von einer Fremden? *(laut)*
  Unsinn!
Cassio: Nein wirklich!
  *(Jago bedeutet Cassio, noch
  leiser zu reden.)*
  Wenn ich nur wüßte,
  wer es gewesen . . .
*Jago (Othello schnell von der
  Seite anblickend, zu sich):*
  Othello lauert.
  (laut zu Cassio): Wo hast
  du's?
Cassio (zieht Desdemonas Taschentuch aus dem Brustlatz):
  Sieh nur!
Jago (das Tuch nehmend): Das
  ist ja prachtvoll!
  (zu sich) Er spitzt die Ohren,
  schleicht sich geschickt
  und mit Vorsicht näher.
  *(scherzend zu Cassio; hält die
  Hände auf dem Rücken, damit Othello das Tuch betrachten kann)*

Cassio: Da mano ignota . . .
  (Le parole si perdono ancora.)

Otello: Le parole non odo . . .
  Lasso! udir le vorrei! Dove son
  giunto!!

Cassio: Un vel trapunto . . .
Jago: È strano! È strano!
Otello: D'avvicinarmi Jago mi fa
  cenno.
  (Passo passo con lenta cautela, Otello, nascondendosi dietro le colonne.)
Jago (sottovoce): Da ignota mano? *(forte)* Baie!
Cassio: Da senno.
  *(Jago gli fa cenno di parlar
  ancora sottovoce.)*
  Quanto mi tarda
  Saper chi sia . . .
*Jago (guardando rapidamente
  dalla parte d'Otello, fra sè):*
  Otello spia.
  (a Cassio ad alta voce): L'hai
  teco?
*Cassio (Estrae dal giustacuore il
  fazzoletto di Desdemona):*
  Guarda.
Jago (prendendo il fazzoletto):
  Qual meraviglia!
  (a parte) Otello origlia.
  Ei s'avvicina
  Con mosse accorte.
  *(a Cassio inchinandosi scherzosamente e passando le mani
  dietro la schiena perchè Otello
  possa osservare il fazzoletto)*

131

Jago genießt die Situation, sein übermütiges Liedchen reißt Cassio mit. Othellos Stimme mischt sich in schmerzlicher Gegenstimme in das ausgelassene Duett, dessen Hauptmelodie Jago beisteuert:

(29)

Bei feinen Herren lassen die
Engel neben dem Glorien-
schein ihr Taschentuch.
Othello (nähert sich, von der er-
sten Säule gedeckt, hinter Ja-
gos Rücken dem Taschen-
tuch):
  Das ist es! Das ist es!
  O Tod und Hölle!
Jago: Das hat getroffen.
Othello (beiseite, mit leiser
Stimme):
  Alles aus jetzt! Liebe und Leid!
  Und erschüttern kann mich
  nichts mehr.
Jago (zu Cassio auf das Ta-
schentuch weisend):
  Das ist ein Netz,
  in dem sich dein Herz
  fängt und verzappelt
  in Liebesschmerz.
  Nur nicht so tief
  empfinden, mein Lieber,
  und wenn es schiefgeht,
  schnappe nicht über.
  Das ist ein Netz,
  in dem sich dein Herz
  fängt und verzappelt
  in Liebesschmerz.
Cassio (das Taschentuch be-
trachtend, das er Jago wieder
abgenommen hat):
  O liebliches Wunder,
  wer hat dich ersonnen,
  wer hat dich gesponnen,
  wer hat dich gewebt?
  Noch weißer, noch leichter
  als Flocken im ersten Schnee,
  vom Lufthauch des Himmels
  aus Wolken gewebt.

Bel cavaliere, nel vostro ostello
Perdono gli angeli – l'aureola e
il vel.
Otello (avvicinandosi assai al
fazzoletto, dietro le spalle di
Jago e nascosto dalla prima
colonna):
  È quello! è quello!
  Ruina e Morte!
Jago: Origlia Otello.
Otello (a parte, sottovoce):

  Tutto è spento! Amore e duol.
  L'alma mia nessun più smuo-
  va.
Jago (a Cassio, indicando il faz-
zoletto):
  Questa è una ragna
  Dove il tuo cuor
  Casca, si lagna,
  S'impiglia e muor.
  Troppo l'ammiri,
  Troppo la guardi;
  Bada ai deliri
  Vani e bugiardi.
  Questa è una ragna
  Dove il tuo cuor
  Casca, si lagna,
  S'impiglia e muor.
Cassio (guardando il fazzoletto
che avrà ritolto a Jago):

  Miracolo vago
  Dell'aspo e dell'ago
  Che in raggi tramuta
  Le fila d'un vel.
  Più bianco, più lieve
  Che fiocco di neve,
  Che nube tessuta
  Dall'aure del ciel.

Trompeten unterbrechen die grausame Szene. Die venezianische Galeere ist gelandet, und ihre Ankunft wird mit festlichen Fanfaren aus dem Hafen verkündet. Trompeten aus dem Palast antworten, froh klingt der Jubel in den hellen Himmel Cyperns:

(30)

Grausamerer Kontrast ist niemals auf einer Bühne dargestellt worden, und kein Mittel versteht ihn so packend zu malen wie die Musik. Die begeisterten Hochrufe auf Othello, den Helden von Cypern, den »Löwen von Venedig«, den strahlenden, geliebten Herrn der Insel; er selbst aber, zerstört, zerschmettert, mit nur noch einer einzigen Wahnidee im einst so klaren Kopf: Desdemona zu töten, die Verbrecherin, die Ehebrecherin, die Verräterin, die sich hinter der anmutigen Maske der Liebe zu verbergen weiß. Dem seiner selbst nicht mehr mächtigen Feldherrn wird ein Festmantel übergeworfen, feierlich beginnt die venezianische Delegation ihren Einzug.

134

Othello: Ha, verraten, o verraten!
  Die Beweise sind jetzt klar.
Jago: Achtung!
*(Trompeten hinter der Bühne,
dann ein Kanonenschuß. Othello
ist in den Erker zurückgekehrt.)*
Jago: Diese Signale verkünden
  die Landung
  der venezianischen Galeere.
  Du hörst es.
  Alle Trompeten der Burg ge-
  ben Antwort.
  Wenn du nicht willst, daß
  Othello dich antrifft,
  eil dich.
Cassio: Addio.
Jago: Geh!
*(Cassio verschwindet schnell im
    Hintergrund.)*

6. SZENE
Othello (sich Jago nähernd): Wie
  bringe ich sie um?
Jago: Habt ihr gesehen, wie er
  gelacht hat?
Othello: Hab' ich.
Jago: Und auch das Taschen-
  tuch?
Othello: Ich sah alles.
Stimmen (in der Ferne): Evviva!
  An das Ufer!
  An die Boote!

Othello: Sie ist gerichtet.
  Du verschaffst mir ein Gift
  für heute nacht noch.
Stimmen: Es lebe der Löwe von
  San Marco!
Jago: O nein, nicht Gift.
  Viel besser, Ihr erwürgt sie,

Otello: Tradimento, la tua prova
  Spaventosa mostri al Sol.
Jago: Bada!
*(Squillo di tromba interno, poi un
colpo di cannone. Otello sarà ri-
tornato nel vano del verone.)*
Jago: Quest'è il segnale che an-
  nuncia l'approdo
  Della trireme veneziana. As-
  colta.
  Tutto il castel co' suoi squilli ri-
  sponde.
  Se qui non vuoi con Otello
  scontrarti,
  Fuggi.
Cassio: Addio.
Jago: Va.
*(Cassio esce velocemente dal fon-
    do.)*

SCENA SESTA
Otello (avvicinandosi a Jago):
  Come la ucciderò?
Jago: Vedeste ben com'egli ha ri-
  so?
Otello: Vidi.
Jago: E il fazzoletto?

Otello: Tutto vidi.
Voci (dal di fuori, lontano): Ev-
  viva!
  Alla riva!
  Allo sbarco!
Otello: È condannata.
  Fa ch'io m'abbia un velen
  per questa notte.
Voci: Evviva! Evviva il Leon di
  San Marco!
Jago: Il tosco no,
  val meglio soffocarla,

Unter fortgesetztem Trompetengeschmetter und unter Jubelchö-
ren betreten Venedigs Abgesandte den Festsaal des Gouverneurs von Cypern. In wohlgesetzter Ansprache entbietet Lodovico im Namen des Dogen und Senats von Venedig dem Helden
von Cypern, Othello, seinen Gruß:

(Fortsetzung des Notenbeispiels S. 138)

dort, in dem Bette, dort, wo sie gesündigt hat.

Othello: Deine Gerechtigkeit gefällt mir.

Jago: Für Cassio sorgt Euer Jago schon.

Othello: Jago, von dieser Stund' an
bist *du* nur mein Hauptmann!

Jago: Ich danke, Euer Gnaden.
Jetzt kommen die Gesandten.
Ihr empfangt sie.
Doch wäre es verdächtig,
Desdemona vor ihnen zu verbergen.

Othello: Gut, sie soll kommen.
(Jago ab durch die linke Tür, Othello geht auf den Hintergrund zu, um die Gesandten zu empfangen.)
(Trompeten hinter der Szene.)

Là nel suo letto,
là, dove ha peccato.

Otello: Questa giustizia tua mi piace.

Jago: A Cassio
Jago provvederà.

Otello: Jago, fin d'ora
Mio capitano t'eleggo.

Jago: Mio Duce,
Grazie vi rendo. Ecco gli ambasciatori.
Li accogliete. Ma ad evitar sospetti,
Desdemona si mostri a quei Messeri.

Otello: Sì, qui l'adduci.
(Jago esce dalla porta di sinistra; Otello s'avvia verso il fondo per ricevere gli ambasciatori.)

(Trombe interne)

7. SZENE
Lodovico (mit einer versiegelten Pergamentrolle in der Hand):
Der Doge und der Senat entbieten ihren Gruß

SCENA SETTIMA
Lodovico (tenendo una pergamena avvoltolata in mano):
Il Doge ed il Senato
Salutano l'eroe trionfatore

(31)

*Während er Othello das ihm überreichte Dokument lesen läßt,
begrüßt er ehrerbietig Desdemona, die totenbleich von ihren
Ehrendamen in den Saal geleitet worden ist.*

*Gespannte Ruhe liegt über der Szene, macht die harmlose Unter-
redung, während derer Othello in das Schriftstück vertieft
scheint, hintergründiger, als sie ist: Auf Lodovicos Frage nach*

dem tapfern Helden von Cypern.
Ich lege hier in Eure Hände eine Botschaft des Dogen.
Othello (nimmt das Schreiben und küßt das Siegel):
Ich küss' in Ehrfurcht das Siegel Seiner Majestät.

Di Cipro. Io reco nelle vostre mani
Il messaggio dogale.

Otello (prendendo il messaggio e baciando il suggello):
Io bacio il segno
Della sovrana Maestà.

Lodovico (sich Desdemona nähernd):
Madonna, Euch beschütze der Himmel.
Desdemona: Der Himmel erhör Euch.
Emilia (beiseite zu Desdemona):
Ihr blickt so traurig.
Desdemona (beiseite zu Emilia):
Emilia! Ein finstrer Geist beschwert
die Seele Othellos und auch mein Schicksal.
Jago (zu Lodovico):
Euer Gnaden, es freut mich, Euch zu sehen.
(Desdemona, Lodovico und Jago stehen plaudernd zusammen.)
Lodovico: Jago, gibt's was Neues?
Doch fehlt in Eurer Mitte Cassio.

Lodovico (avvicinandosi a Desdemona):
Madonna, v'abbia il cielo in sua guardia.
Desdemona: E il ciel v'ascolti.
Emilia (a Desdemona, a parte):
Come sei mesta!
Desdemona (ad Emilia, a parte):
Emilia! una gran nube
Turba il senno d'Otello e il mio destino.
Jago (a Lodovico):
Messere, son lieto di vedervi.

(Lodovico, Desdemona e Jago formano crocchio insieme.)
Lodovico: Jago, quali nuove? . . .
ma in mezzo a voi non trovo Cassio.

Cassio, der nicht anwesend ist, äußert Desdemona die Hoffnung, Othello möge diesem bald verzeihen.

Jago wiederholt, um Othello aus seiner scheinbaren Konzentra-
tion zu reißen, diesen Satz textlich und musikalisch beinahe
wörtlich. Und erreicht sein Ziel: Othello fährt auf, kann sich
nicht mehr beherrschen; sofort ist das Orchester zu harten, wild
entschlossenen Klängen übergegangen. Entsetzt stehen die Gäste
und die Schloßbewohner, als sie den stets so überlegenen Feldherrn in wildem und unbegründetem Zorn erleben. Da zügelt
Othello seinen Zorn wieder, befiehlt, Cassio zu rufen, doch das
Streichertremolo läßt den drohenden Ausbruch fast greifbar
fühlen.

Lodovico kann sich den Vorfall nicht erklären: Das also ist der
Held, der tapfere und edle Krieger? Eine traurige Melodie begleitet diese Erkenntnis, die Jago sofort zu einer Verleumdung
benützt.

Jago: Othello ist ihm böse.
Desdemona: Ich glaube, daß er
  ihm verzeiht.
*Othello (immer mit Lesen
  beschäftigt, heftig zu Desde-
  mona):*
  Seid Ihr so sicher?
Desdemona: Was sagt Ihr?
Lodovico: Er liest noch, es gilt
  Euch nicht.
Jago: 's ist möglich, daß er ihm
  verzeiht.
Desdemona: Jago, ich hoff es.
  Du weißt, wie ehrlich ich mich
  gesorgt
  um Cassio . . .
*Othello (immer noch lesend, aber
  fieberhaft, aufgeregt leise zu
  Desdemona):*
  Bezähmet Euer geschwätziges
  Mundwerk!
Desdemona: O begnadigt ihn,
  Herr!
*Othello (auf Desdemona los-
  springend):*
  Du Dämon, schweige!!
*Lodovico (Othello zurückhal-
  tend):* Haltet!
Alle: Entsetzlich!
Lodovico: Ich wage nicht zu
  glauben,
  was ich soeben sah.
*Othello (zu dem Herold, mit
  gebieterischem Nachdruck):*

  Man hole Cassio!
  (Herold ab)
Jago (leise zu Othello): Was
  wollt Ihr?

Jago: Con lui crucciato è Otello.
Desdemona: Credo che in grazia
  tornerà.
*Otello (a Desdemona, rapida-
  mente e sempre in atto di leg-
  gere):*
  Ne siete certa?
Desdemona: Che dite?
Lodovico: Ei legge, non vi parla.

Jago: Forse che in grazia tornerà.
Desdemona: Jago, lo spero;
  Sai se un verace affetto io porti
  a Cassio . . .

*Otello (sempre in atto di leggere
  e febbrilmente a Desdemona
  sottovoce):*
  Frenate dunque le labbra
  loquaci . . .
Desdemona: Perdonate,
  signor . . .
*Otello (avventandosi contro Des-
  demona):*
  Demonio, taci!!
*Lodovico (arrestando il gesto
  d'Otello):* Ferma!
Tutti: Orrore!
Lodovico: La mente mia non osa
  Pensar ch'io vidi il vero.

*Otello (repentinamente
  all'Araldo e con accento imperioso):*
  A me Cassio!
  (L'Araldo esce.)
*Jago (passando rapido accanto
  ad Otello, a bassa voce):* Che
  tenti?

Neue Erregung kommt in das Orchester: Cassio tritt ein, Othello mustert ihn haßerfüllt. Ein feierlicher Aufschwung des Orchesters, dröhnende Akkorde.

Othello wendet sich, mühsam beherrscht und angestrengt, an die Anwesenden, um die Botschaft des Senats zu verkünden. Er unterbricht seine in nur schwer gehaltener Fassung gesprochenen Worte fast in jedem Satz, um gewaltsam verhalten, aber doch voll abgründigem Haß Desdemona zu beschimpfen.
Die wichtige Verkündigung der Botschaft des Senats ist von Verdi in sparsam begleitetem Rezitativstil gehalten. So werden auch die vielen, für den Handlungsablauf entscheidenden Einwürfe sehr deutlich: Othellos Wutausbrüche gegenüber Desdemona, das Erschrecken Jagos über Cassios Rangerhöhung, dessen gemessene, soldatische Annahme der Beförderung, Lo-

Othello (zu Jago mit halber
    Stimme):
  Acht auf sie, wenn er eintritt.
Alle: Ach, arme Gattin!
Lodovico (tritt zu Jago und
    nimmt ihn beiseite):

  Also das ist der Held?
  Das ist der kühne und erha-
  bene Krieger?
Jago (achselzuckend zu Lodo-
    vico):
  Er ist, was er ist.
Lodovico: So sag mir deine Mei-
  nung.
Jago: Es ist wohl besser, davon
  nicht zu sprechen.

Otello (a Jago, a bassa voce):

  Guardala mentr'ei giunge.
Tutti: Ah! triste sposa!
Lodovico (a bassa voce avvici-
    nandosi a Jago che si sarà un
    po allontanato da Otello):
  Quest'e dunque l'eroe?
  quest'e il guerriero
  Dai sublimi ardimenti?
Jago (a Lodovico, alzando le
    spalle):
  È quel ch'egli è.
Lodovico: Palesa il tuo pensiero.

Jago: Meglio è tener su ciò la lingua muta.

8. SZENE
(Cassio kommt.)
Othello (der immer nach der Tür
    gesehen hat):
  Aufgepaßt! Er kommt!
  (zu Jago): Erforsche seine
  Seele.
  (laut zu allen):
  Ihr Herren! Der Doge . . .
  (beiseite zu Desdemona)
  du verstehst zu weinen!

  (laut zu allen):
  ruft mich ab nach Venedig.
Rodrigo: Verdammtes Schicksal!
Othello: Zu meinem Nachfolger
  wählte er den Mann, der
  neben meinem Banner
  kämpfte: Cassio.

SCENA OTTAVA
(appare Cassio)
Otello (che avrà sempre fissato la
    porta):
  Eccolo! È lui!
  (a Jago): Nell'animo lo
  scruta.
  (ad alta voce a tutti)
  Messeri! Il Doge . . .
  *(ruvidamente ma sottovoce a
  Desdemona)*
  ben tu fingi il pianto
  (a tutti ad alta voce)
  Mi richiama a Venezia.
Roderigo: Infida sorte!

Otello: E in Cipro elegge
  Mio successor colui che stava
  accanto
  Al mio vessillo, Cassio.

143

dovicos Bitte an Othello, die durch sein Benehmen tief getroffe-
ne Desdemona zu schonen. Lange, liegende Streicherakkorde,
zwischen den Sätzen immer wieder kurze, harte Akkorde, als
würde aus der lastenden Stimmung plötzlich der erregte Herz-
schlag der Personen fühlbar.

Mit dem Befehl, die Abreise auf den folgenden Tag vorzuberei-
ten, kommt wieder dramatisches Leben in das Orchester, und
die Starrheit der Personen auf der Bühne löst sich. Othello
stürzt sich auf Desdemona, würgt sie, so daß sie zu Boden
stürzt. Emilia und Lodovico, die hinzueilen, finden keine Gele-
genheit, einzugreifen.

Othello hat die Botschaft des Senats fortgeschleudert, Jago
hebt sie auf und liest sie in höchster Erregung.

Jago *(mit heftiger Überra-*
schung): O Tod und Hölle!
Othello *(fortfahrend und das*
Pergament vorzeigend):
Die Worte des Dogen sind
Gesetz.
Cassio *(verbeugt sich vor*
Othello): Und mir Befehl.
Othello *(schnell zu Jago, auf*
Cassio deutend):
Siehst du, er zeigt noch nicht
einmal Freude.
Jago: Nein.
Othello *(wieder laut zu allen):*
Das Schiffsvolk und die Trup-
pen,
(leise zu Desdemona)

(fahr fort in deinem Schluchzen!)
(an alle)
das Kastell und die Schiffe, sie
unterstehn dem neuen Feldherrn.
Lodovico *(auf Desdemona deu-*
tend, die sich demütig nähert):
Othello,
habt doch Einsehn, zerbrecht
ihr nicht das Herz.
Othello *(zu Lodovico und Desde-*
mona):
Wir werden morgen fahren.
(Er packt Desdemona wütend
an. – Desdemona fällt nieder.)
Da liege und heule!
(Othello hat während seines
furchtbaren Wutausbruches das
Pergament zu Boden geworfen.
Jago hebt es auf und liest im
Verborgenen.) –

Jago *(fieramente e sorpreso):*
Inferno e morte!
Otello *(continuando e mostrando*
la pergamena):
La parola Ducale è nostra
legge.
Cassio *(inchinandosi ad Otello):*
Obbedirò.
Otello *(rapidamente a Jago in*
segreto ed indicando Cassio):
Vedi? non par che esulti
l'infame?
Jago: No.
Otello *(ad alta voce a tutti):*
La ciurma e la coorte

(a Desdemona sottovoce e
rapidissimo)
Continua i tuoi singulti . . .

(ad alta voce a tutti)
E le navi e il castello
Lascio in poter del nuovo
Duce.
(Lodovico (additando Desdemo-
na che s'avvicina supplichevol-
mente): Otello,
Per pietà la conforta o il cor le
infrangi.
Otello *(a Lodovico e Desde-*
mona):
Noi salperem domani.
(Afferra Desdemona furiosa-
mente. – Desdemona cade.)
A terra! . . . e piangi! . . .

(Otello avrà, nel suo gesto terri-
bile, gettata la pergamena al
suolo. Jago la raccoglie e legge
di nascosto.) –

Schwere, lastende Akkorde des Orchesters begleiten die furcht-
bare Szene. Langsam löst sich aus diesen dröhnenden Akkor-
den eine sich müde abwärts schleppende Bewegung der tiefen
Streicher, die ergreifend Desdemonas Schmerzensgesang be-
gleiten.
Die zu Anfang wie verloren anmutenden Streicherklänge kon-
solidieren sich allmählich, Desdemonas verzweifeltes Stammeln
sammelt sich zur Melodie: Eine wehmütige Erinnerung an ver-
gangene Tage, an ihr Liebesglück mit diesem Manne, der sie
nun so unbegreiflich mißhandelt, zieht durch ihr Gemüt:

(Fortsetzung des Notenbeispiels S. 148)

146

(Emilia und Lodovico leisten Desdemona mitleidig Beistand.)

Desdemona: Am Boden! Ja! Im Staube erniedrigt!
Geschlagen, so lieg' ich.
Weine und fühl' die Einsamkeit,
in der mein Herz erfriert.
Wie selig war ich damals,
in jedem Kuß lag Hoffnung,
und jetzt erstarrt das Herz in Todesangst.
Die Sonne alles froh belebt,
läßt Meer und Himmel strahlen.
Die Tränen aber meines Leidens
trocknet sie mir nicht.

Emilia: Dies arme Weib kennt keinen Haß,
ist nicht von Schuld befangen,
sie hält sogar im Weinen Maß
und unterdrückt den Schmerz.
Es fallen ihre Tränen
stumm auf die blassen Wangen.
Nein, wer um sie nicht weinte,
hat in der Brust kein Herz.

Rodrigo: Es wendet sich zum Bösen,
finster wird mein Geschick.
Dieses geliebte Wesen
entschwindet meinem Blick.

Cassio: Stunde des Schicksals, o wieviel hast du mir
da gegeben; an meiner Laufbahn hohes Ziel
kam ich ganz ohne Müh'.
Blind ist das Glück und blind auch

(Emilia e Lodovico sollevano pietosamente Desdemona.)

Desdemona: A terra! . . . sì . . .
nel livido
Fango . . . percossa . . . io giacio . . .
Piango . . . m'agghiaccia il brivido
Dell'anima che muor.
E un dì sul mio sorriso
Fioria la speme e il bacio
Ed or . . . l'angoscia in viso
E l'agonia nel cor.
Quel Sol sereno e vivido
Che allieta il cielo e il mare
Non può asciugar le amare
Stille del mio dolor.

Emilia: Quella innocente un fremito
D'odio non ha né un gesto,
Trattiene in petto il gemito
Con doloroso fren.
La lagrima si frange
Muta sul volto mesto:
No, chi per lei non piange
Non ha pietade in sen.

Roderigo: Per me s'oscura il mondo,
S'annuvola il destin;
L'angiol soave e biondo
Scompar dal mio cammin.

Cassio: L'ora è fatal! un fulmine
Sul mio cammin l'addita.
Già di mia sorte il culmine
S'offre all'inerte man.

L'ebbra fortuna incalza
La fuga della vita.

(32)

*Ein bedeutendes Gesangsensemble erwächst daraus, von Des-
demonas nun so schmerzlicher Stimme angeführt, in das alle
Anwesenden, mit Ausnahme Othellos und Jagos, einstimmen.
Es ist der letzte Augenblick »großer Oper« in diesem Werk, ja
in Verdis Leben und Schaffen: Der vierte Akt zieht sich in seiner düsteren Intimität ganz auf kammermusikalische Klänge
zurück, und »Falstaff« wird später, als Lustspiel konzipiert, oh-
nedies anderen Gesetzen gehorchen. Hier bewundern wir noch
einmal des Komponisten überwältigende Kunst der Stimmfüh-
rung in großen Ensembles, seinen Sinn für Aufbau und Steigerung von Klangmassen; hier ist Dramatik mit höchstem Wohlklang meisterlich gepaart.*

*Bewundernswert bleibt vor allem, daß inmitten der geballten
Klänge, der mitreißenden musikalischen Flut der Fortgang des*

begleitet es das Leben.
Ich ward emporgehoben, der
Woge gleich im Sturm.

Lodovico: Er hätt' sie fast getötet
in seinem blinden Wüten;
sie aber weint und betet,
gibt sich in Gottes Hand.
Sieht man die Frau so weinen,
geht einem nah ihr Leiden,
erfaßt vom tiefen Mitleid
wird auch ein kaltes Herz.

Chor: O Gott! Ein Rätsel! Barm-
herzigkeit!
Tödliches Grauen hat uns
befallen.
Schwarz und entsetzlich dieser
Mensch!
Läßt uns erbeben in tiefer
Angst.
Ein blindes Werkzeug
der Vernichtung und Gewalt.
Wie er die Nägel in seine Brust
krallt!
Und unbewegt zu Boden
stiert.
Dann wieder drohn die
schwarzen Fäuste,
mit wildem Blick fordert den
Himmel er heraus.
Gräßlich zu sehn, wie er sie
schlug.
Doch dieses heil'ge, bleiche,
sanfte Antlitz,
es beugt sich schweigend und
weint und stirbt.
So weinen Engel wohl über
den Sünder,
wenn er sein Seelenheil verlor.

*Jago (nähert sich Othello, der
ermattet auf einen Sessel*

Questa che al ciel m'innalza
È un'onda d'uragan.

Lodovico: Egli la man funerea
Scuote anelando d'ira,
Essa la faccia eterea
Volge piangendo al ciel.
Nel contemplar quel pianto
La carità sospira,
E un tenero compianto
Stempra del core il gel.

Coro: Pietà! Mistero!
Ansia mortale, bieca,
Ne ingombra, anime assorte in
lungo orror.
Quell'uomo nero è sepol-
crale, e cieca
Un'ombra è in lui di morte e di
terror.
Vista crudel! Strazia coll'ugna
l'orrido
Petto! Figge gli sguardi
immoti al suol.

Poi sfida il ciel coll'atre
pugna, l'ispido
Aspetto ergendo ai dardi alti
del Sol.
Ei la colpì quel viso santo, pal-
lido,
Blando, si china e tace e
piange e muor.
Piangon così nel ciel lor pianto
gli angeli
Quando perduto giace il peccator.

*Jago (avvicinandosi a Otello che
resterà accasciato su d'un*

149

*Dramas, die Zuspitzung des Konflikts keinen Augenblick ver-
gessen oder auch nur aufgeschoben wird. Während des großen
Ensembles verfällt Othello immer mehr dem Wahnsinn, hetzt
Jago ihn und Rodrigo zu den beiden Verbrechen, den beiden
Mordtaten, die er geplant hat: Othello muß Desdemona erwür-
gen, Rodrigo Cassio töten.*

*Für Othello bedarf es keiner weiteren Begründung, der Rache-
gedanke hat sich so fest in seiner Seele verankert, daß nichts
anderes mehr neben ihm Platz findet; Rodrigo ist nicht mehr
schwer zu überzeugen, die Beseitigung Cassios soll ihm doch
noch den Weg zur angebeteten Desdemona freimachen.*
*Jago sieht sich knapp vor der Erreichung seiner teuflischen Zie-
le. Verdis Musik unterstreicht das in jedem Augenblick durch
eine kaum noch erträgliche Spannung, die einen düsteren Un-
tergrund zur herrlichen Entfaltung der anderen, der um Lösung
der schweren Konflikte ringenden Stimmen bildet.*

gesunken ist):
Hört, was ich sage.
Othello: Was gibt's?
Jago: 's ist eilig! Zögert nicht länger mit
Eurer Rache! Die Zeit ist kostbar . . .
Othello: Sehr richtig.
Jago: . . . und alles Wüten sinnlos.
Aufgewacht! Jetzt heißt es nur noch handeln!
Ihr müßt jetzt handeln! Ich meine Cassio.
Er soll den Frevel büßen.
Der ehrlose Verräter fahr' zur Hölle!
Othello: Und wer besorgt das?
Jago: Ich.
Othello: Du?
Jago: Ich! Ich schwör's.
Othello: So sei's.
Jago: Man wird es Euch berichten heute nacht noch . . .
Jago (ironisch zu Rodrigo):
Dein Traum schwimmt morgen übers Meer von dannen,
und du sitzt auf dem Trocknen!
Rodrigo (zu Jago): Wie trostlos!
Jago: O Dummkopf!
Es liegt doch nur an dir,
jede Gelegenheit zu nutzen,
hör zu jetzt.
Rodrigo: Ich höre.
Jago: Wenn morgen früh das Schiff in See sticht,
ist Cassio Herr hier.
Doch könnt es sein, daß ihm vorher etwas zustößt,

sedile):
Una parola.
Otello: E che?
Jago: T'affretta! Rapido
Slancia la tua vendetta! Il tempo vola.

Otello: Ben parli.
Jago: È l'ira inutil ciancia. Scuotiti!
All'opra ergi tua mira!
All'opra sola!
Io penso a Cassio. Ei le sue trame espia.
L'infame anima ria l'averno inghiotte!

Otello: Chi gliela svelle?
Jago: Io.
Otello: Tu?
Jago: Io. Giurai.
Otello: Tal sia.
Jago: Tu avrai le sue novelle in questa notte . . .
Jago (ironicamente a Roderigo):
I sogni tuoi saranno in mar domani
E tu sull'aspra terra!

Roderigo (a Jago): Ahi, triste!
Jago: Ahi, stolto,
Stolto! Se vuoi, tu puoi sperar; gli umani,
Orsù! cimenti afferra, e m'odi.
Roderigo: T'ascolto.
Jago: Col primo albor salpa il vascello. Or Cassio
È il Duce. Eppur se avvien che a questi accada

151

*In einem neuen Wutanfall sprengt Othello die Versammlung.
Erschrocken weichen die Anwesenden seinem Toben. Desdemona läuft, mit letzter Hoffnung und zugleich zu Tode erschrok-*

(die Hand an den Degen legend)
dann muß Othello bleiben.

Rodrigo: Düstere Hoffnung leuchtet mir auf.

Jago: Einzige Hoffnung! Sobald es dunkel,
folg' ich ihm auf Schritt und Tritt,
auch Zeit und Ort erforsch' ich,
den Rest machst du!
Ich will dich führen. Zum Kampfe!
Nimm deinen Degen!

Rodrigo: Ja! Dir verkauft' ich Ehr' und Treu!

Jago: Gib dich dem Wahn hin und vertraue dem Trugbild!
Dein schwacher Kopf, dein Denken
ist ja schon ganz verwirrt
von deinem Liebestraum.
Du brauchst nur meinem schlauen Wink zu folgen,
Narr deiner Liebe, ich folge meinem Plan,
ich folge meinem . . .

Rodrigo: Nun ist's entschieden. Der Würfel ist gefallen!
Und ohne Furcht erwarte ich mein letztes Schicksal,
verborgenes Geschick.
Mich führt mein Herz,
die schrecklichen Gestirne des Todes zerstören den Weg mir.

Othello (erhebt sich und wendet sich mit schrecklicher Gebärde gegen die Menge):

(toccando la spada)
Sventura . . . allor qui resta Otello.

Roderigo: Lugubre luce d'atro balen!

Jago: Mano alla spada!
A notte folta io la sua traccia vigilo,
E il varco e l'ora scruto, il resto a te.
Sarò tua scorta. A caccia! a caccia! Cingiti
L'arco!

Roderigo: Sì! t'ho venduto onore e fe'!

Jago: Corri al miraggio! Il fragile tuo senno
Ha già confuso un sogno menzogner.

Segui l'astuto ed agile mio cenno,
Amante illuso, io seguo il mio pensier.

Roderigo: Il dado è tratto! Impavido t'attendo
Ultima sorte, occulto mio destin.
Mi sprona amor, ma un avido, tremendo
Astro di morte infesta il mio cammin.

Otello (ergendosi e rivolto alla folla, terribilmente):

ken über den Zustand ihres Gatten, auf Othello zu. Er stößt sie zurück. Ein neuer Aufschrei der Anwesenden, vom Orchester »tutta forza« (mit ganzer Kraft) unterstrichen.
Das Auseinanderstieben der Festgesellschaft mündet in Panik und Flucht.

Hinaus jetzt!
Alle: Gott!
Othello (auf die Menge losstürzend):
Flieht vor dem Zorn Othellos!
Jago (an alle):
Ein böser Zauber traf ihn,
beraubt ihn
seiner Sinne . . .
Othello (mit Nachdruck):
Den, der nicht geht,
erklär ich zum Rebellen.
Lodovico (sucht Desdemona zu entfernen): So folgt mir . . .

Stimmen (hinter der Bühne):
Evviva!
Desdemona (macht sich von Lodovico los und läuft auf Othello zu): Mein Gatte!
Othello (fürchterlich zu Desdemona):
Du meine Seele, du sollst verflucht sein!
Alle (laufen entsetzt davon):
O Gott!
(Desdemona geht ab, von Emilia und Lodovico geführt.)

Fuggite!
Tutti: Ciel!
Otello (slanciandosi contra la folla):
Tutti fuggite Otello!
Jago (agli astanti):
Lo assale una malia
Che d'ogni senso il priva.

Otello (con forza):
Chi non si scosta
è contro me rubello.
Lodovico (fa per trascinare lontano Desdemona): Mi
segui . . .
Voci (dal di fuori): Evviva!

Desdemona (sciogliendosi da Lodovico e accorrendo verso Otello): Mio sposo!
Otello (a Desdemona, terribile):

Anima mia, ti maledico!

Tutti (escono inorriditi):
Orror! . . .
(Desdemona fra Emilia e Lodovico esce.)

9. SZENE
Othello und Jago bleiben allein.
Othello: Nur mir kann ich nicht entfliehn!
Rache! Ha!
(mit tiefer Niedergeschlagenheit)
Verruchter Gedanke! » Mir gefällt's nicht!«

SCENA NONA
Otello e Jago, soli.
Otello: Fuggirmi io sol non so! . . .
Sangue! Ah!
(sempre affannoso)

l'abbietto pensiero! . . . » ciò m'accora!«

Es dauert lange, bis das rasende Orchester sich beruhigt. Dann gibt es Othellos Verzweiflung Raum. Sein kurzer Monolog schwankt zwischen völliger Verzweiflung und wilden Rachegedanken, wenn er wieder an das Taschentuch denkt.

Von ferne werden Hochrufe laut. Cypern feiert in froher Stimmung seinen Helden; die Musik wird hier wieder zum Ausdruck des grauenerregenden Kontrastes: Jubel, Trompeten, Huldigungen für Othello. Der aber hört von alledem nichts. Ohnmächtig liegt er auf den Boden gestreckt. Jago blickt ihn mit grausamem Hohn an: Er, er ganz allein hat den »Löwen von Venedig« zur Strecke gebracht.

Fern verklingen die Fanfaren und die Hochrufe über dem grauenhaften Schluß, in dem die bodenlose Gemeinheit siegt und kein Hoffnungsschimmer das Dunkel der menschlichen Niedertracht erhellt.

(krampfhaft taumelnd)
Umschlungen sie zu
sehen! . . .
Das Taschentuch! . . .
Ach! . . .
(fällt in Ohnmacht)
Jago: Mein Gift tut seine Wir-
    kung.
Chor *(von außen):* Heil, Othello!
Jago *(auf die Zurufe hörend):*
    Horch, das Echo des Sieges
    bringt dir sein höchstes
    Loblied.
    (Er betrachtet den ohnmächti-
    gen, hingestreckten Othello.)
    Wer kann mich hindern, die-
    sen Schädel mit meinem Fuß
    zu zertreten?
Chor *(von innen, doch näher):*
    Evviva, Othello!
    Ehre dem Löwen Venedigs!
Jago *(richtet sich mit der*
    Gebärde eines schrecklichen
    Triumphes empor und zeigt
    auf den reglosen Körper
    Othellos):
    Da liegt der Löwe!

(convulsivamente, delirando)
Vederli insieme avvinti . . . il
fazzoletto! . . . Ah!

(Sviene.)
Jago: Il mio velen lavora.

Voci *(dal di fuori):* Viva Otello!
Jago *(ascoltando le grida):*
    L'eco della vittoria
    Porge sua laude estrema.

    (Osserva Otello disteso a terra
    tramortito.)
    Chi può vietar che questa
    fronte io prema
    Col mio tallone?
Voci *(esterne più vicine):*
    Evviva Otello!
    Gloria al Leon di Venezia!
Jago *(ritto e con gesto d'orrendo*
    trionfo, indicando il corpo
    inerte d'Otello):

    Ecco il Leone! . . .

Mit einem unendlich wehmütigen Vorspiel beginnt der letzte Akt, der zu den traurigsten, stimmungsdichtesten, wehmütigsten, ergreifendsten der Opernszene gehört.
Das Englischhorn nimmt leise und allein die Melodie voraus, die Desdemona bald in Todesahnung vor sich hin singen wird: »Das Lied vom Weidenbaum«. Zwei tiefe Flöten vollenden die Weise, es klingt wie ein Seufzer aus todestraurigem Herzen. Dann lange, gehaltene Töne in den tiefen Klarinetten, ein wenig unheimlich, und darüber nochmals die Melodie des Englischhorns.
Fast unmerklich geht der Vorhang über dem halbdunklen Schlafgemach Desdemonas auf.

Fast gesprochen, beinahe tonlos die ersten Worte: Emilias Frage, Desdemonas Antwort. Doch scheint es, daß Verdi diesen »Engel« niemals über weitere Strecken ohne Melodie lassen konnte. Desdemona ist ein »melodisches« Wesen (wenn es das gibt), und so formt sich selbst ihre schwermütige Aufforderung an Emilia, ihr Brautkleid bereitzulegen, zu einer weichen, überaus liebevollen Melodie.

Und nicht anders die kurze Tonfolge, mit der sie Emilia ihre tiefe Trauer mitteilt.
Sie erinnert sich eines Bildes aus ihren Mädchentagen: Eine Magd im Hause ihrer Mutter sang ein Lied – wie ging es nur? Das Bild einer Weide steht vor ihr, wie sie ihre Zweige in ein dunkles, langsam fließendes Wasser taucht.
Wieder ist Desdemonas Sprechen fast unbemerkt in Melodie übergegangen, wieder nur ein paar Noten, aber wieder voll jener melancholischen Süße, die sie zur Melodie zusammenschließen.

VIERTER AKT	ATTO QUARTO
Schlafgemach der Desdemona.	*La camera di Desdemona.*

Bett, Betstuhl, Tisch, Spiegel und Sessel. Vor dem Madonnenbild über dem Betstuhle brennt eine Ampel. Rechts eine Tür. Es ist Nacht. Auf dem Tische eine Kerze.

Letto, inginocchiatoio, tavolo, specchio, sedie. Una lampada arde appesa davanti all'immagine della Madonna che sta al disopra dell'inginocchiatoio. Porta a destra. È notte. Un lume acceso sul tavolo.

1. SZENE

Emilia: War er schon ruhiger?
Desdemona: Ja, es schien so. Er sagte,
ich sollt zu Bett gehn, warten bis er kommt.
Emilia, eine Bitte: Nimm dieses weiße Kleid
und leg es dort auf das Bett; es ist mein Brautkleid.
    (Emilia tut es.)
Höre, wenn ich noch vor dir sterben sollte,
möcht' ich begraben sein mit solch einem Schleier.
Emilia: Wie könnt Ihr sowas denken!
Desdemona (indem sie sich mechanisch vor den Spiegel setzt):
Ich bin so traurig.
Meine Mutter hatte eine arme Magd,
die war verliebt und schön.
Sie trug den Namen Barbara, und als ihr Schatz sie treulos dann verließ,
da sang sie oft ein Lied:

SCENA PRIMA

Emilia: Era più calmo?
Desdemona: Mi parea.
M'ingiunse
Di coricarmi e d'attenderlo.
Emilia,
Te ne prego, distendi sul mio letto
La mia candida veste nuziale.

    (Emilia eseguisce.)
Senti. Se pria di te morir dovessi,
Mi seppellisci con un di quei veli.
Emilia: Scacciate quest' idee.

Desdemona (sedendo macchinalmente davanti allo specchio):

Son mesta tanto.
Mia madre aveva una povera ancella
Innamorata e bella;
Era il suo nome Barbara,
Amava un uom che poi l'abbandonò,
Cantava una canzone:

Und dann entsinnt sich, nach kurzem Vorspiel, Desdemona des so traurigen, so wehmütig fremden Liedes vom Weidenbaum. Ist es ein Einfall Verdis? Hat er es einmal irgendwo ähnlich vernommen? Seine Tonfolge läßt uns an den Orient denken: eigenartige Intervalle, ein fremdes Melos, eine ungewohnte Rhythmisierung, eine Taktveränderung gegen Schluß, ein sehr freier Vortrag. Woher immer die Weise stammen mag: Sie wühlt den Hörer zutiefst auf, denn Einsamkeit und unstillbarer Schmerz singen aus ihr:

(Fortsetzung des Notenbeispiels S. 162)

»Das Lied vom Weiden-
baum.«

»la canzon del Salice.«

(zu Emilia)
Löse mir meine Haare. Und
heute abend höre ich
immer wieder den Klang des
alten Liedes:
»Es sang ein Mägdlein auf
öder Heide.
verging in Tränen. O Weide!
Weide! Weide!
Oft saß sie schweigend,
das Haupt tief neigend!
Weide! Weide! Weide!
Muß singen, muß singen!
Es soll die grüne Trauerweide
bald mein Brautkranz sein!«
(zu Emilia)
Beeile dich, es kommt ja gleich
Othello. –

(ad Emilia)
Mi disciogli le chiome:
Io questa sera ho la memoria
piena
Di quella cantilena:
»Piangea cantando
Nell'erma landa,
Piangea la mesta.
O Salce! Salce! Salce!
Sedea chinando
Sul sen la testa!
Salce! Salce! Salce!
Cantiamo! Il Salce funebre
Sarà la mia ghirlanda.«
(ad Emilia)
Affrettati; fra poco giunge
Otello.

161

(33)

*Unter die zweite Strophe legt Verdi das Murmeln und Tropfen
eines Baches, den der Text erwähnt.*

*Dann – das Vorspiel ist stets das gleiche – erklingt Vogelgesang
aus dem Orchester, aber trotz der hellen Flöten und Oboenfiguren
will keine freudige Stimmung aufkommen. Und die Singstimme variiert die dritte Strophe, kürzt sie. Man fühlt es in jedem
Ton, wie Desdemona dem baldigen Kommen Othellos entgegen-
zittert.*

»Es rann der Bach durch Blumen und Gestein,
das arme Herz lernt meiden,
und aus den Augen floß ins Herz hinein
die bittre Weise vom Scheiden.
Weide! Weide! Weide!
Muß singen, muß singen!
Es soll die grüne Trauerweide
bald mein Brautkranz sein. –
Viel Vöglein flogen nieder von den Zweigen,
lauschten dem süßen Sange.
Und ihre Tränen flossen, unaufhaltsam,
die Steine zu erweichen.«
(zu Emilia, indem sie den Ring vom Finger streift)
Bewahr mir diesen Ring auf.
(sich erhebend)
Ach, arme Barbara!
Und immer schloß ihr trauriges Lied
mit dem einfachen Wort:
»Er war geboren für seinen Ruhm,
ich, um zu lie . . .«
(abbrechend)
Was ist das? Ich höre jammern.

»Scorreano i rivi fra le zolle in fior,
Gemea quel core affranto.
E dalle ciglia le sgorgava il cor
L'amara onda del pianto.
Salce! Salce! Salce!
Cantiamo! il Salce funebre
Sarà la mia ghirlanda. –

Scendean l' augelli a vol dai rami cupi
Verso quel dolce canto,
E gli occhi suoi piangean tanto, tanto,
Da impietosir le rupi.«
(ad Emilia, levandosi un anello dal dito)
Riponi quest'anello.
(alzandosi)
Povera Barbara! Solea la storia
Con questo semplice suono finir:
»Egli era nato – per la sua gloria,
Io per amar . . .«
(interrompendo)
Ascolta. Odo un lamento.

Der Wind scheint an der Türe zu rütteln, oder ist es Desdemonas aufs höchste gesteigerte Erregung – Angst und ein letzter Hoffnungsstrahl zugleich? Nur drei Takte lang malt das Orchester diese Stimmung aus, aber alle Beklommenheit wird spürbar, nie ist Verdi so tonmalerisch gewesen.

Noch einmal intoniert Desdemona das traurige Lied. Dann sagt sie Emilia »Gute Nacht«. Lastende Akkorde, dumpf und schwer, begleiten deren Schritte zur Tür.

Da schreit die zuvor mühsam gefaßte Desdemona aus tiefstem Herzen auf. Müßte man die erschütterndsten Augenblicke der Opernliteratur nennen, hier wäre unbestritten einer von ihnen:

(34)

Dann Stille, Bruchstücke der traurigen Weise im Orchester; sie führen langsam in eine Streichermelodie über, die aus fernen Himmeln herabzusteigen scheint.

Stille. Wer klopft dort an die
Türe?
Emilia: Der Wind nur.

Desdemona: »Ich, um zu lieben
und zu sterben.
Muß singen, muß singen!
Weide! Weide! Weide!«
Leb wohl, Emilia! Wie die
Augen
mir brennen! Das bedeutet
wohl Tränen.
Gute Nacht.
(Emilia will gehen.)
Ach! Emilia, Emilia, lebe
wohl! Emilia, lebe wohl!

*(Emilia kehrt um, Desdemona
umarmt sie.)*
(Emilia geht.)

Taci. Chi batte a quella
porta? . . .
Emilia: È il vento.

Desdemona: »Io per amarlo e
per morir. Cantiamo!
Salce! Salce! Salce!«
Emilia, addio. Come m'ardon
le ciglia!
È presagio di pianto. Buona
notte.

(Emilia si volge per partire.)
Ah, Emilia, Emilia, addio,
Emilia, addio!

*(Emilia ritorna e Desdemona
l'abbracia.)*
(Emilia esce.)

Desdemona kniet nieder. Mit unsagbarer Inbrunst schickt sie ihr Nachtgebet zur Jungfrau Maria, zuerst auf einem einzigen Ton rezitierend, dann zum Gesang ansteigend, der zum letzten Mal die makellose Reinheit ihrer Seele, die Größe ihrer Liebesfähigkeit offenbart:

(Fortsetzung des Notenbeispiels S. 168)

2. SZENE

Desdemona (im Betstuhl):

Sei mir gegrüßt, Jungfrau
Maria,
du bist voller Gnaden, der
Herr ist mit dir.
Du bist gebenedeit, und gebe-
nedeit
ist die Frucht deines Leibes:
Jesus!

SCENA SECONDA

*Desdemona (Va all'inginocchia-
toio):*

Ave Maria, piena di grazia,
eletta
Fra le spose e le vergini sei tu;
Sia benedetto il frutto, o bene-
detta,
Di tue materne viscere, Gesù.

(35)

Es ist, als unterbräche ein rauher Nachtwind die tiefe Stille.
Verdi schreibt hier – es gibt sehr wenige Parallelen – ein langes
Solo der Kontrabässe; es klingt unheimlich, hohl, bedrohlich
(und es ist nicht leicht, rein zu intonieren):

Poco più mosso

(Fortsetzung des Notenbeispiels S. 170)

Bitte für den, der gläubig vor
dir niederkniet,
bitte für den, der rein, wie auch
für den Sünder.
Allen Schwachen und
Bedrückten, auch den Mächt-
gen,
allen, die elend, schenke dein
Erbarmen.
Bitte auch für den, der von
Schmach und Schande
gebeugt ist und von seinem
bösen Schicksal.
Für uns auch bitte, bitte immer
so wie heute,
auch in der Todesstunde. Bitte
für uns!
*(Kniet noch eine Weile und legt
die Stirn auf das Pult, als ob sie
im stillen das Gebet wiederhole.
Nur die ersten und letzten Worte
sind zu hören.)*

Sei mir gegrüßt . . .
. . .auch in der Todesstunde.
Sei mir gegrüßt! Amen!
(Erhebt sich und geht zu Bett)

3. SZENE

Prega per chi adorando a te si
prostra,
Prega pel peccator, per l'innocente
E pel debole oppresso e pel
possente,
Misero anch'esso, tua pietà
dimostra.

Prega per chi sotto l'oltraggio
piega
La fronte e sotto la malvagia
sorte;
Per noi tu prega
Sempre e nell'ora della morte
nostra, prega per noi.

*(Resta ancora inginocchiata ed
appoggia la fronte all'inginocchiatoio come chi ripete mental-
mente un'orazione. Non s'odono
che le prime e le ultime parole
della preghiera.)*
Ave Maria . . .
. . . nell'ora della morte.
Ave! Amen.
(S'alza e va a coricarsi.)

SCENA TERZA

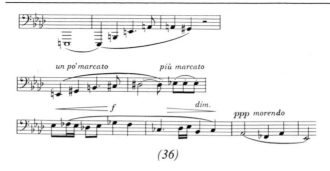

(36)

Othello ist zu diesem düsteren Klang ins nächtliche Gemach getreten; und mit ihm der Tod: Die Musik läßt keinen Zweifel daran aufkommen. Vereinzelte Schläge der großen, tiefen Trommel wirken beklemmend wie Ahnungen des Schicksals.

Lange betrachtet Othello die schlummernde Desdemona; er neigt sich zu ihrem Lager nieder und küßt sie. Das Orchester spielt, wie in wehmütig ergreifender Erinnerung an selige Zeiten, die Liebesmelodie (Beispiel Nr. 14); tonartlich verändert, als sei das Glück der Liebe, das sie ausdrückt, nur noch ferne, wehmütige, sehnsüchtige Erinnerung im Geiste Othellos.

Doch schnell verfliegt der Zauber. Bedrohliche Figuren in den tiefen Streichern, lange verhallende Noten in Hörnern, Trompeten und Posaunen. Othello verkündet der erwachten Desdemona seinen Entschluß, sie zu töten.

170

(Bei der ersten Note tritt Othello durch eine geheime Tür ein. Er kommt näher, legt einen Säbel auf den Tisch und verweilt vor dem Licht, unschlüssig, ob er es auslöschen soll oder nicht. Er erblickt Desdemona, macht eine wütende Gebärde. Dann bläst er das Licht aus und nähert sich dem Bette; dort bleibt er stehen. Er hebt den Vorhang auf und betrachtet lange die schlafende Desdemona. Er küßt sie dreimal. Beim letzten Kuß richtet sich Desdemona auf.)

Desdemona: Wer ist da?
  (Sie steht auf.) Othello?
Othello: Ja! Hast du heut abend schon gebetet?
Desdemona: Soeben.
Othello: Wenn du vom Himmel für einst begangene Sünden dir noch Vergebung erhoffst, dann erflehe sie schnell nur.
Desdemona: Warum?
Othello: Beeil dich! Ich möchte dich nicht töten, eh' du bereust.

(Otello entra da una porta segreta, depone una scimitarra sul tavolo, s'arresta davanti alla face, titubante se spegnerla o no. Guarda Desdemona. Spegne la face. La scena resta rischiarata dal solo lume dell'inginocchiatoio. Otello, spinto da un impeto di furore, s'avvicina al letto; ma là s'arresta. Contempla Desdemona che dorme. La bacia tre volte. All'ultimo bacio Desdemona si desta.)

Desdemona: . . .Chi è là? . . .
  (Si alza.) Otello?
Otello: Sì. Diceste questa sera Le vostre preci?
Desdemona: Orai.
Otello: Se vi sovviene Di qualche colpa commessa che attenda grazia dal ciel, imploratela tosto.
Desdemona: Perchè?
Otello: T'affretta. Uccidere non voglio L'anima tua.

171

Desdemona: Du sprichst vom Töten?

Othello: Ja.

Desdemona: Erbarm dich mein, o Gott!

Othello: Amen.

Desdemona: Und habe auch du Erbarmen.

Othello: Denk an deine Sünden.

Desdemona: Meine Sünde ist die Liebe.

Othello: Und dafür stirbst du.

Desdemona: Weil ich dich liebe, soll ich sterben?

Othello: Du liebst Cassio.

Desdemona: Nein! Beim ewigen Heil!!

Othello: Du hast das Tuch, das ich dir schenkte, ihm gegeben.

Desdemona: Das ist Lüge!

Othello: Ich hab's bei ihm gesehen.

Desdemona: Doch ich bin schuldlos.

Othello: Bekenne!

Desdemona: Ich schwör' es!

Othello: Hüte dich vor Meineid! Denk dran, dies Bett ist dein Sterbelager.

Desdemona: Was hast du vor?

Othello: Du mußt jetzt sterben!

Desdemona: Zu Hilfe! Nie liebt' ich Cassio! Er soll kommen und sprechen.

Othello: Der schweigt für immer.

Desdemona: Himmel! Tot?

Othello (kalt): Tot!

Desdemona: Ich verloren! Er verraten!

Desdemona: D'uccider parli?

Otello: Sì.

Desdemona: Pietà di me, mio Dio.

Otello: Amen.

Desdemona: E abbiate Pietà voi pure.

Otello: Pensa a' tuoi peccati.

Desdemona: Mio peccato è l'amor.

Otello: Perciò tu muori.

Desdemona: E perchè t'amo m'uccidi? . . .

Otello: Ami Cassio.

Desdemona: No! sull'anima mia!!

Otello: Quel fazzoletto Ch'io ti donai gli desti.

Desdemona: Non è vero!

Otello: Nella sua man lo vidi.

Desdemona: Io rea non sono!

Otello: Confessa!

Desdemona: Giuro!

Otello: Bada allo spergiuro . . . Pensa che sei sul tuo letto di morte.

Desdemona: Non per morir.

Otello: Per morir tosto.

Desdemona: Aita! Cassio non amo . . . ch'ei qui venga . . . ei parli.

Otello: Muto è per sempre.

Desdemona: Cielo! Morto?

Otello (freddo): Morto.

Desdemona: Son perduta! . . . ei tradito!

Und dann ein letzter, immer hitziger werdender Disput, die ver-
gebliche Verteidigung der unschuldigen Desdemona, das im-
mer erregtere, vom Orchester unterstrichene Rasen Othellos:

(37)

Gerade an dieser Stelle wäre Verdis tiefes Eindringen in die
Psyche seiner Opernfiguren nachzuweisen. Desdemona wehrt

174

Othello (mit Kraft): Du beweinst ihn?

Desdemona: Othello, bitte töt mich nicht!

Othello: Vergebens ist dein Flehen.

Desdemona (verzweifelt): O laß mich noch leben!

Othello: Hinweg, nur hinweg, du feile Dirne!

Otello (con forza): E pianger l'osi?

Desdemona: Otello . . . non uccidermi . . .

Otello: Tu invano Ti difendi.

Desdemona (con disperazione): Ch'io viva ancor . . .

Otello: Giù, cadi, Prostituta! . . .

Desdemona: Erbarmen!
Othello: Stirb jetzt!!

Desdemona: Pietà!
Otello: Muori!!

175

sich verzweifelt gegen den entsetzlichen, völlig grundlosen Verdacht; Othello ist nahe daran, sie zu erwürgen, aber ihrer beider Melodielinien zeigen äußerste Verbundenheit an, ja gehen zeitweise ins Unisono über, das ihre tiefe, durch nichts Irdisches auszulöschende Zusammengehörigkeit dokumentiert.

Unter furchtbaren Orchesterschlägen erwürgt Othello Desdemona. Verdi, der zu Beginn der Oper die Elemente der Natur entfesselt und mit Orchesterklängen gemalt hatte, jagt die Gewalt der Instrumente noch einmal auf einen Höhepunkt, nun, da es gilt, den vulkanhaften Ausbruch von Othellos unbezähmbarer Wut zu schildern. Und der rasende Mensch ist noch schlimmer, noch grausamer als die rasende Natur.

Dann, als das furchtbare Mißverständnis immer deutlicher zutage tritt, läßt das Orchester die Stimmen völlig klar in den Vordergrund treten, um den Text verständlich zu machen. In atemlosem Parlando entwickeln sich mehrere Szenen, die die Aufklärung bringen. Dazwischen noch – echtester Verdi, der

Desdemona: Nur diese eine
  Nacht noch.
Othello: Nein!
Desdemona: Eine Stunde.
Othello: Nein!
Desdemona: Einen Augenblick.
Othello: Nein!
Desdemona: Nur noch, um zu
  beten.
Othello: Jetzt nicht mehr!
  *(Er erdrosselt sie. Desdemona
  stößt einen Schrei aus.)*
*(Man schlägt von draußen an
  die Tür.)*
  *(den reglosen Körper Desde-
  monas betrachtend):*
  Ruhig, still wie das Grab.
Emilia (von außen): Öffnet, ach
  öffnet!
Othello (umhertaumelnd): Wer
  klopft? Wer ist da?
Emilia: O Herr, ich bitt Euch,
  ich muß Euch dringend spre-
  chen. Ach, öffnet.

Othello (öffnet): Emilia!
  Was gibt es?
Emilia (eintretend): Ein Verbre-
  chen! Cassio tötete Rodrigo.
Othello: Und Cassio?
Emilia: Lebt.
Othello: Cassio lebt noch!!
Desdemona (vom Bett aus):
  Unschuldig bin ich . . .
  unschuldig hingemordet . . .
Emilia (läuft auf das Bett zu):
  Wer stöhnt denn da? O
  Graun!
Desdemona: Ich sterbe schuld-
  los . . .

Desdemona: Ch'io viva
  Questa notte . . .
Otello: No.
Desdemona: Un'ora.
Otello: No.
Desdemona: Un istante.
Otello: No.
Desdemona: Sol ch'io dica
  un'Ave.
Otello: È tardi!
  *(La soffoca. Un grido di Des-
  demona.)*
  (S'ode bussare alla porta.)

  *(contemplando il corpo inerte
  di Desdemona):*
  Calma come la tomba.
*Emilia (dal di fuori picchiando di
  nuovo):* Aprite! Aprite!
Otello (trabalzando): Chi è là!
  Chi batte?
Emilia: Signor mio . . . ven
  prego,
  Lasciate ch'io vi parli . . .
  Aprite!
Otello (aprendo): Emilia,
  Che avvenne?
Emilia (entrando): Un gran
  delitto! Cassio uccise Rodrigo.
Otello: E Cassio?
Emilia: Vive.
Otello: Cassio vive!!
Desdemona (dal letto): Ingiusta-
  mente . . . uccisa ingiusta-
  mente . . .
Emilia (accorrendo al letto): Chi
  geme là? . . . Orror!

Desdemona: Muoio inno-
  cente . . .

177

niemals eine »tote« Hauptgestalt aus der Oper nimmt, ohne ihr einen letzten, innigsten Abgesang zu gönnen – eine liebevolle Melodie Desdemonas, die Emilia glauben lassen will, daß sie sich selbst getötet habe.

Dann wieder, in schnellstem Rezitativ und ohne Instrumentalbegleitung, Emilias Hilfeschreie, auf die hin die Szene sich belebt und das Orchester den stürmischen Eintritt Lodovicos, Cassios und Jagos begleitet.

Emilia: O Gott! Wer war's? Wer war's?

Desdemona: Ach, niemand . . . Ich selber . . . Bete zu Gott für meine Seele. Ich sterbe schuldlos, leb wohl . . .
(stirbt)

Othello: O diese Lüge! Ich, ich tat es.

Emilia: O du Mörder!

Othello: Sie war Cassios Geliebte, von Jago weiß ich's.

Emilia: Von Jago?

Othello: Von Jago.

Emilia: Dummkopf! Du konntest glauben?

Othello (auf Emilia losfahrend): Wagst du zu leugnen?

Emilia: Ja, das tu ich.

Othello (ergreift sie): Hüt dich!

Emilia: Holla! Zu Hilfe! Zu Hilfe! Othello mordete Desdemona!

(Sie macht sich los und läuft mit verzweifeltem Geschrei zur Türe.)

4. SZENE
(Lodovico, Cassio und Jago treten ein, später Montano mit Bewaffneten.)

Alle (außer Othello und Emilia): Wer schreit da?
(Desdemona erblickend)
Entsetzlich! O Graun!

Emilia (zu Jago): Jago, so straf diesen feigen Mörder Lügen!

Emilia: Gran Dio! . . . Chi fu?

Desdemona: Nessuno . . . io stessa . . . al mio Signor mi raccomanda . . . Muoio . . . Addio . . .
(muore.)

Otello: O mentitrice! io l'uccisi.

Emilia: Assassino!

Otello: Fu di Cassio la druda. A Jago il chiedi.

Emilia: A Jago?

Otello: A Jago.

Emilia: Stolto!! e tu il credesti?

Otello (fa per avventarsi contro Emilia): Negarlo ardisci?!

Emilia: Non ti temo.

Otello (la afferra): Bada!

Emilia: Olà! Soccorso! Aiuto! Otello uccise Desdemona.

(Si svincola e corre verso la porta gridando disperatamente.)

SCENA QUARTA
(Entrano Lodovico, Cassio, Jago, più tardi Montano con gente armata.)

Tutti (tranne Otello ed Emilia): Quai grida!
(vedendo Desdemona)
Orrore! Orror!

Emilia (a Jago): Jago, smentisci quel vile assassino.

179

*Das Orchester hat sich nun, gemäß der dramatischen Situa-
tion, heftig belebt. Es spart allerdings – in kluger Ökonomie –
die textlich wichtigsten Stellen aus, die ohne Begleitung von
den Stimmen in fliegender Hast und Erregung hervorgestoßen
werden. In höchster Verzweiflung schreit Othello nach einem
Blitz vom Himmel; ein wilder Orchesteransturm aufwärts.*

*Dann Lodovicos Stimme in die plötzliche Stille: Sie fordert
Othellos Degen. Das Orchester spiegelt das Toben in Othellos
Brust, dann wird es still in ihm. Er weiß, für ihn ist alles zu Ende, da er das Höchste und Liebste seines Lebens sinnlos dahin-
gemordet hat. Auf langen, leisen Akkorden in hoffnungslos*

Hast du geglaubt, daß Desde-
mona untreu?
Rede!
Jago: Ich hab's geglaubt.
Othello: Ein Taschentuch, das
ich einst ihr schenkte, dem
Cassio hat sie's gegeben.
Emilia: O du göttliche Allmacht!
Jago (zu Emilia): Schweige!
Emilia: Nein, alles enthüll' ich!
Jago: Schweige!
Emilia: Nein! Ja, der da hat das
Tuch aus meiner Hand gewalt-
sam mir entrissen!
Cassio: Und ich hab' es gefun-
den in meiner Wohnung.
*Montano (tritt ein und zeigt auf
Jago):*
Rodrigo hat sterbend mir ent-
hüllt
dieses Mannes ruchlose Kün-
ste.
Othello (zu Jago): Du! Ver-
teid'ge dich!!
Jago (entfliehend): Nein!
Lodovico: Halt!
Montano: Verfolgt ihn!
Cassio und Montano:
Und verhaftet ihn.
(Mehrere eilen Jago nach.)

*Othello (stürzt auf den Tisch los,
um den Säbel zu ergreifen):*
Hat Gott denn keine Blitze
mehr?!
Lodovico: Gib mir das Schwert!

Hai tu creduto Desdemona
infida?
Parla!
Jago: Tal la credea.
Otello: Quel fazzoletto
Che un dì le diedi, a Cassio
essa donava.
Emilia: O potenza divina!
Jago (ad Emilia): Taci.
Emilia: No. Tutto rivelo!
Jago: Taci.
Emilia: No! Costui
dalla mia man quel fazzoletto
svelse a viva forza.
Cassio: E nella mia dimora tro-
vai quel vel.
*Montano (entrando ed indicando
Jago):*
Rodrigo morente
Mi svelò di quest'uom l'arti
nefande.

Otello (a Jago): Ah! discolpati!!

Jago (fuggendo): No.
Lodovico: Ferma.
Montano: S'insegua.
Cassio e Montano:
Afferratelo!
*(Alcuni escono inseguendo
Jago.)*
*Otello (slanciandosi per afferrar
la spada):* E il ciel non ha più
fulmini?! . . .

Lodovico: La spada a me!

traurigem Dur-Moll-Wechsel nimmt Othello Abschied – von der Ehre, von der Macht, von seinem Leben:

(38)

Er tritt erschüttert an Desdemonas Sterbebett, das so oft das selige Lager ihrer beider Liebe gewesen war. Er rafft die Kräfte zu einer letzten Melodie zusammen. Dann ersticht er sich, unter einem schmerzlichen Aufschrei des Orchesters, das dann langsam absinkt, chromatisch und verklingend, bis die große Liebesmelodie aus dem Streichertremolo herauswächst. Englischhorn, Klarinette und Fagott singen eine melancholische Einleitung in e-Moll: Dann erklingt sie, nun wieder in E-Dur, so wie in der Liebesnacht – die ja erst wenige Tage zurückliegt – und

Othello: Du wagst es?!
Keiner fürchtet den bewaffne-
ten Feldherrn.
Das ist das Ende, mein Ruhm
vorbei
O Ehre! Othello war.

Otello: Tant'osi! Niun mi tema
Se anco armato mi vede. Ecco
la fine
Del mio cammin . . . Oh! Gloria! Otello fu.

*(läßt den Säbel fallen, tritt ans
Bett und betrachtet Desdemona.)*
Und du, du bist so totenbleich,
so müde,
so schweigsam. Wie schön du
bist!
Fromm wurdest du geboren,
doch unter bösen Sternen.

*(Lascia cadere la spada. Va
presso al letto e contempla
Desdemona.)*

E tu . . . come sei pallida! e
stanca, e muta, e bella,
Pia creatura nata sotto
maligna stella.
Fredda come la casta tua vita,

löscht mild versöhnend alles tragische Geschehen wie in einer unendlich innigen Umarmung aus für immer, wie eine himmlische Erlösung.

(Fortsetzung des Notenbeispiels S. 186)

Kühl und auch so keusch, wie
im Leben,
ruhst du im Himmel.
Desdemona! Desdemona!
Ach! Tot! Tot! Tot!
*(zieht heimlich einen Dolch
aus dem Gewande und ersticht
sich)*
Mir blieb der Dolch!

Cassio: Halt ein!
Cassio und Montano: Unglücksel'ger!
Othello: Eh' ich dich mordete,
Liebste,
mußt' ich dich küssen. Nun im
Sterben,
da Schatten mich umfan-
gen . . .
noch einmal laß mich dich
küssen . . .

e in cielo assorta.
Desdemona! Desdemona! . . .
Ah! . . . morta! . . . morta! . . .
morta! . . .

*(estraendo furtivamente dalle
vesti un pugnale)*
Ho un'arma ancor!
(Si ferisce).

Cassio: Ah! Ferma!
Cassio e Montano: Sciagurato!

Otello: Pria d'ucciderti . . .
Sposa . . . ti baciai.
Or morendo . . .
nell'ombra . . . in cui mi giacio . . .

Un bacio . . . un bacio
ancora . . .

(39)

186

ah! . . . und immer wieder . . .
(Er stirbt.)

ah! un altro bacio . . .
(Muore.)

Zur Geschichte des »Othello«

Mit nicht erlahmender Beharrlichkeit weist *Verdi* alle Opernpläne von sich, die nach der Welturaufführung der »Aida« – Kairo, 24. Dezember 1871 – immer wieder an ihn herangetragen werden. Es mögen interessante Pläne darunter sein; aber er hält sein Lebenswerk für beendet. Genügten 24 Bühnenwerke dem »Moloch Theater« noch immer nicht? Er hatte genug. Längst war er unabhängig, wurde täglich reicher und konnte so ohne Schwierigkeit seine tiefgehenden Wünsche befriedigen: Gutes zu tun und Sant' Agata auszubauen – seinen immer größer und schöner werdenden Landsitz in der lombardischen Tiefebene. An ihm hing er mit der ganzen Liebe, die er als einst armes Dorfkind zur wahren Leidenschaft entwickelt hatte: Die Erde, die Natur mit allen ihren Geschöpfen waren seine wahre Heimat. Er hatte weite Felder angebaut, erntete froh, nachdem er ein Jahr lang in Sonne und Wind, in Sturm und Regen gepflügt, gesät, gedüngt hatte. Einen großen Wald hatte er wachsen lassen, Viehherden gezüchtet. Pferde, die er selbst gern ritt, tummelten sich auf den Wiesen, Schwäne belebten den kleinen See, den er sich zur Freude hinter dem Herrenhaus geschaffen hatte. Er arbeitet nun von Sonnenaufgang bis zum Sinken des Tages an der Fülle und dem Blühen von Sant' Agata. Niemand konnte ihn müßig schelten, auch wenn er nicht mehr, wie einst, seine Tage und Nächte mit dem Schreiben von Opernpartituren verbrachte. Er steht seinem Schaffen ruhig und fast ohne Vorurteil gegenüber. Fände jemand es fehlerhaft, so wäre er bereit, Einwände zu hören und ihnen sogar gelegentlich zuzustimmen. Zweifelte man aber daran, daß er ein guter Landwirt sei, im Kleinsten vertraut mit allem, was dazu gehörte, es hätte seinen immer noch flammenden Zorn heraufbeschworen. Neue Opern? Nein. Basta. Das wird sein meistgebrauchtes Wort im Gespräch, beim Briefwechsel, sooft es um Opernpläne geht. Basta. Genug . . .

Auch an den Freund *Giulio Ricordi* schreibt er stets in diesem Sinne, sooft dieser treue, wahrhaft verständnisvolle Verleger und Vertraute versucht, ihn zu neuem Bühnenschaffen anzuregen. Alles ist vergeblich. Sieben lange Jahre sind vergangen. Ihre musikalische Ausbeute? Ein großartiges »Requiem«, das er

Giulio Ricordi war mehr als der tatkräftige Verleger Verdis: Mitarbeiter, engster Vertrauter und Freund während vieler Jahre.

im Gedächtnis an den hochverehrten Dichter *Alessandro Manzoni* komponierte und in nicht wenigen Städten persönlich zu einem bei geistlichen Werken seltenen Triumph geführt hatte. Auch das liegt nun schon wieder mehr als fünf Jahre zurück. Für das Theater: nichts. Italien sah längst in ihm seinen Heros, sein Idol: Er war es in viel stärkerem Maße, als *Richard Wagner* es für Deutschland bedeutete. So fanatisch diesem auch ein Teil der Öffentlichkeit anhing, ein kaum geringerer lehnte ihn heftig ab, bekämpfte, ja beschimpfte ihn. *Verdi* aber wurde nicht nur bewundert, er wurde geliebt. Spätestens seit »Rigoletto« – 1851 also – bejubelte ihn auch die Welt. Seine Opern waren in der ganzen Welt bekannt, seine Melodien wurden populär, mochten auch hier und dort die Kritiker über ihre Qualität die Nase rümpfen.

Er war dem Ruhm nicht nachgerannt, hatte stets alles verabscheut, was nach Reklame, nach Selbstdarstellung aussehen konnte. Der Ruhm machte ihn auch nicht eingebildet oder glücklich. Er kannte den Theaterbetrieb viel zu genau, um sich von seinem Schein blenden zu lassen. Er hatte für ihn stets die bittersten Worte gefunden, ganz gleich, ob es um die Bühnen seines Landes oder fremder Städte ging. Er war im Grunde genommen der »Bauer« geblieben, als den er sich selbst immer bezeichnet hatte. Hart und klar in seinen Ansichten und Urteilen, unerbittlich in seinen Forderungen, mißtrauisch schönen Phrasen gegenüber, unwandelbar in seinem Glauben an Kunst und Werk. Der einzige Wechsel – wenn es einer war – lag darin, daß er nun nicht mehr »der Bauer von Roncole« war – seinem Heimatdorf –, sondern »der Bauer von Sant' Agata«.

Signor Giulio Ricordi kennt ihn genau. Sein Haus, der 1808 gegründete Mailänder Musikverlag, stand seit Jahrzehnten mit *Verdi* in engem Kontakt; er selbst hatte von seinem Vater, *Tito Ricordi*, nicht nur die »Casa Ricordi«, sondern auch dessen Verehrung für *Verdi* geerbt und es verstanden, das gegenseitige Vertrauensverhältnis noch weiter auszubauen. *Giulio*, 27 Jahre jünger als der Maestro, kennt die Welt und die Menschen. Und er ist hartnäckig. Es wird sich herausstellen, daß er zuletzt sogar hartnäckiger ist als *Verdi*, und das ist viel. *Ricordi* ist ein ungewöhnlich weltgewandter Mann, klug und diplomatisch, gebildet und mit starker Musikalität ausgestattet. Das hätte gereicht, um ihm *Verdis* Hochachtung zu sichern; aber aus dieser war nun seit Jahren Freundschaft geworden, und die wog beim schwierigen Maestro besonders, denn er war in seiner Zuneigung so sparsam wie mit seinem Lobe. Daß auch den Freund nichts davor schützen konnte, gelegentlich unverblümte Geradheiten aus des Maestros Mund oder Feder zu empfangen, hatte er längst erfahren. *Ricordi* will einfach nicht zur Kenntnis nehmen, daß *Verdi* nun vollends zum »Bauer« geworden sei. Vergißt er, daß schon einmal ein großer italienischer Opernmeister absonderlich, unverständlich geworden und sich im Vollglanz seines Ruhms – mit 37 Jahren! – von der Bühne zurückgezogen hatte? *Rossini* war allerdings nicht Bauer geworden, sondern privatisierender Grandseigneur, der nur noch seinen Neigungen, vor allem der raffinierten Kochkunst, leben wollte . . . *Signor Giulio* hatte es nicht vergessen, aber er glaubte zu wissen, *Verdi* sei anders. Und er glaubte richtig.

Im Jahre 1879, als schon vielfache Versuche fehlgeschlagen waren, versuchte es *Ricordi*, da schon keine neuen Opern zu erreichen waren, mit einer Umarbeitung: Er meinte, »Simone Boccanegra« habe seinerzeit – Venedig 1857 – nicht den verdienten Erfolg errungen und stünde ungerechterweise im Schatten manches anderen Verdi-Werkes. Ließe sich dies nicht durch eine Neufassung, hauptsächlich im Dramatischen, korrigieren? *Verdi* pariert diesen Versuch sofort:

»Ich habe gestern ein dickes Paket erhalten, von dem ich annehme, daß es die Partitur des ›Simone‹ enthält. Wenn Sie in sechs Monaten oder in einem, zwei oder drei Jahren nach Sant' Agata kommen, werden Sie es so verschlossen finden, wie Sie es mir geschickt haben. Ich habe Ihnen in Genua gesagt, daß ich die unnützen Dinge hasse. Es ist zwar wahr, daß ich mein ganzes Leben lang nichts anderes getan habe, aber in der Vergangenheit hatte ich dafür mildernde Umstände. Jetzt aber gibt es nichts, was die Theater weniger brauchten, als eine Oper von mir. Also, darum ist es besser, mit ›Aida‹ und dem ‹Requiem‹ aufzuhören, als mit einem Arrangement . . .«

Ricordi dürfte bitter gelächelt haben, als er diese Zeilen las. So ein Dickkopf, dieser Alte auf Sant' Agata! Seine Opern, von der ganzen Welt gespielt, »unnütze Dinge«! Was war dann überhaupt noch »nützlich«? *Signor Giulio* denkt scharf nach, wie er seinem geliebten Maestro und Freund doch noch beikommen könnte. Einige Jahre zuvor hat er einmal geschrieben: »Wie traurig, einen Menschen zu sehen wie ihn, an dessen sechzig Jahre niemand glaubt, der niemals Kopfschmerzen hat, der mit dem Appetit eines Jungen ißt, der täglich drei bis vier Stunden lang in glühender Sonne seine Felder bestellt, und dieser Mensch weigert sich beharrlich, auch nur noch eine einzige No-

Sehr alt, aber gesund und robust war Verdi (»Il Vecchio«) bei der Komposition seiner letzten Meisterwerke »Othello« und »Falstaff«.

te zu komponieren . . .« Das war für *Signor Giulio* ein unver-
zeihliches Vergehen, und das hatte sich jetzt, mit *Verdis* sieben-
undsechzig Jahren, nicht geändert.

Giulios Hirn arbeitet fieberhaft, wie es dem Dickschädel – denn
seine Weigerung beruhte auf nichts anderem, das war ihm klar
– beikommen könne. Da war doch die Verehrung des »Alten«
für *Shakespeare*, den »Vater der Dramatik«, wie er ihn bewundernd zu nennen pflegte. Immer wieder hatte er davon geträumt, seine genialen Stücke vertonen zu können. Er hatte es
auch versucht: einmal, als er »Macbeth« in Musik setzte, und
ein zweites Mal –, aber daran denkt er nicht gerne. Zum »Macbeth« hatte ihm – wie weit das zurücklag: Florenz 1847! – *Francesco Maria Piave,* der spätere so enge Mitarbeiter, den Text
geschaffen. Er kombinierte *Giulio Carcanos* Übersetzung und
die Ergänzungen von *Andrea Maffei* mit *Schillers* Fassung,
doch *Verdi* war mit dieser Vorlage nicht glücklich geworden.
Trotzdem entstand ein Werk, das er liebte, viel zu groß und unheimlich, als daß ein Publikum jener (und auch noch viel späte-
rer Zeiten) seine ganze Größe hätte erfassen können. Und das
zweite Mal . . . da hatte er, wahrscheinlich irgendwann in den
Fünfzigerjahren, zum »König Lear« gegriffen. Es heißt, er habe ihn entworfen, skizziert, vielleicht sogar in wichtigen Teilen
schon vertont gehabt, um ihn gerungen mit der ganzen Kraft
seiner reinen Seele –; aber dann, in einem Augenblick der Verzweiflung, der Verzweiflung über die eigene Unzulänglichkeit,
ihn den Flammen überantwortet, vernichtet. So gründlich, daß
außer einer immer wieder auftauchenden Legende (der *Franz
Werfel* in seiner Verdi-Biographie, dem »Roman der Oper«,
ergreifenden Ausdruck verliehen hat) nichts von diesem Werk
übrig blieb. Waren einige seiner Gedanken vielleicht doch für
spätere Werke gerettet worden? Wer vermöchte es mit Sicherheit zu behaupten? *Verdi* schuf in völliger Zurückgezogenheit,
keine Einzelheiten drangen aus Sant' Agata in die Welt. *Wagners* Mitteilungsbedürfnis war ihm fremd.

An sich selbst war *Verdi* verzweifelt, nicht an *Shakespeare*. Der
stand auch weiterhin auf dem höchsten Podest, das er errichten
konnte. Fast wie beim Gott des Alten Testaments scheute er
sich, ihn beim Namen zu nennen: Er war für ihn der »papà«,
der Vater, der Urdramatiker, der Urschöpfer, der tiefste Ken-
ner des Menschen und seiner geheimen Gedanken und Leiden-

schaften, seiner verborgenen Abgründe. Ihm noch einmal nahen? Kam das, nach zwei bitteren Enttäuschungen, nicht einer Vermessenheit gleich? Mußte er die beiden herben Erfahrungen nicht als Wink des Schicksals deuten? Des genialen Engländers Werke – die er nur in italienischer Übersetzung kannte – schienen ihm nach zahlreichen dramaturgischen Erfahrungen nun zu vielgestaltig, vieldeutig, verästelt, als daß sie zu Opern verarbeitet, zu wechselvoll in den Schauplätzen, als daß sie in eine große musikalische Linie zusammengezwungen werden könnten, so wie *Verdi* sie liebte: mit breiten Kantilenen, ariosen Ruhepunkten, mit wuchtigen, die Handlung für Augenblicke erstarren machenden Ensemble-Szenen. Ihre Personen schienen ihm in zu vielen Farben zu schillern, ihre seelischen Konflikte zu untergründig zu sein, um sie einer opernmäßigen Bearbeitung zugrunde zu legen.

Er hatte dann »geradlinigere« Stoffe gewählt. Vor allem die des von ihm so hochgeschätzten *Schiller.* Mit »Giovanna d'Arco« hatte er dessen »Jungfrau von Orléans« vertont, mit »I Masnadieri« sein Jugenddrama »Die Räuber«, und mit Schillers »Luisa Miller« gewann er »Kabale und Liebe« für die Opernbühne.

Viel später war er – nachdem er sich in »Simone Boccanegra« unbewußt mit *Schillers* »Verschwörung des Fiesco zu Genua« getroffen hatte – mit »Don Carlos« zum Schöpfer der zweifellos großartigsten Schiller-Oper geworden. Zweimal hatte er den damals vielgespielten *Victor Hugo* vertont: mit »Ernani« und »Rigoletto«. Zweimal auch nahte er sich *Lord Byron*: »I due Foscari« und »Il Corsaro«. Zweimal dem düsteren spanischen Dramatiker *Antonio Garcia Gutiérrez* (»Il Trovatore«, »Simone Boccanegra«), einmal dessen Landsmann, dem *Herzog von Rivas*: »La forza del destino«. Je einmal auch *Voltaire* (»Alzira«), *Alexandre Dumas d. Jüngeren* (»La Traviata«), *Scribe* (»Les vêpres siciliennes«). In vielen seiner Werke hatte *Verdi* starkes literarisches Gefühl gezeigt – die »Literaturoper« des 20. Jahrhunderts lag noch außerhalb der Reichweite seiner romantischen Epoche. An die nahezu wörtliche Vertonung bedeutender Vorlagen dachte noch niemand – sie war auch stilistisch unmöglich mit den herrschenden Prinzipien zu vereinbaren. Bei allen seinen Werken bewies er eine so starke und verständige Anteilnahme an der Textgestaltung, daß der oft erhobene Vorwurf der »Kritiklosigkeit« gegenüber seinen Vorlagen gegenstandslos wird.

Giulio Ricordi weiß, daß *Shakespeare* trotz allem *Verdis* größte unerfüllte Sehnsucht geblieben ist. Er ahnt auch, daß aus einem Zusammenfließen von Shakespeares Dramatik mit Verdis Musik großartige Werke entstehen müßten. Wenn, ja wenn ein drittes Genie sich fände, das gleichsam zum Mittler, zum Bindeglied zwischen ihnen würde . . . Und er glaubte, dieses dritte Genie gefunden zu haben: *Arrigo Boito.* Dieser noch junge Dichter-Komponist, Sohn eines italienischen, auf Miniaturen spezialisierten Malers und einer polnischen Gräfin, 1842 in Padua geboren, war eine der faszinierendsten Gestalten der europäischen Kulturszene seiner Zeit. Das Schicksal hatte 1862 flüchtig seinen Weg mit dem *Verdis* gekreuzt: Anläßlich der Weltausstellung in London hatten die Nationen Europas beschlossen, auch auf künstlerischer Ebene anwesend zu sein. Italiens Repräsentant und der – sicherlich trotz der Nominierung *Aubers* für Frankreich, *Meyerbeers* für Deutschland, *William S. Bennetts* für Großbritannien – prominenteste Teilnehmer sollte *Rossini* sein. Doch dieser entschuldigte sich mit seinem vorgerückten Alter: Er hatte die Siebzig erreicht und führte das Leben eines sehr bequemen Grandseigneurs und Gourmets in Paris. Da gab es nur einen einzigen »Ersatz«: *Verdi.* Der ließ sich, trotz seiner heftigen Abneigung gegen ähnliche Aufträge und alles, was Publizität bedeutete, »zum Wohle Italiens« überreden und komponierte eine »Hymne der Nationen«, zu der ein Zwanzigjähriger mit Namen *Arrigo Boito* die Verse schrieb. Sie waren hohen Idealen gewidmet, der Freiheit, dem Frieden, der Brüderlichkeit unter den Völkern. Chöre, ein Solist und das große Orchester wurden zu Mittlern edler Gedanken, und zuletzt erklangen die Nationalhymnen einiger Länder: für England »God save the Queen« (damit war die Königin Victoria gemeint), für Frankreich interessanterweise die »Marseillaise« (und nicht die offizielle Hymne des Zweiten Kaiserreichs), für Italien, das, eben erst geeint, Großmachtsrang anstrebte, das Lied »Fratelli d'Italia« (von *Novara* auf Verse *Mamelis* aus dem Jahre 1847 geschrieben), das der glühende Patriot *Verdi* selbst in den Kampfjahren Hunderte von Malen gesungen hatte. Daß Deutschland, Österreich und Rußland fehlten, sei nur am Rande vermerkt.

Dann war dieser *Boito* andere, neue, revolutionäre Wege gegangen, die ihn für eine Zeit von *Verdi* entfernten, ja vielleicht sogar ein wenig in Gegensatz zu ihm brachten. Er wurde zu einem führenden Mitglied der »Scapigliati«, einer Mailänder Künstler- und Intellektuellengruppe, die der Pariser »Bohème« geistig nahestand, aber in ihrem Wunsch nach »Erneuerung« des gesamten Kulturlebens, nach »Reinigung« der Kunstatmosphäre, nach Revolutionierung der Tradition wesentlich aggressivere Töne anschlug als ihre französische Kollegenschaft. Sie mißtraute dem wirtschaftlichen Aufschwung der »Gründerjahre«, der, wie sie seherisch erkannte, die »Welt« in einen todbringenden Materialismus zu reißen drohte. Die »Scapigliati« – etwa: die Langhaarigen, die Zerzausten, was dem Leser des 20. Jahrhunderts nicht fremd klingen dürfte – fühlten sich als »Protestbewegung« gegen das »Establishment« –, Worte, die man damals zwar noch nicht kannte, deren Sinn aber so alt sein dürfte wie die menschliche Gesellschaft. Sie nennen sich auch manchmal »Avveniristen«, was mit »Zukunft« (l'avvenire) zusammenhängt und aus heutiger Sicht einen Zusammenhang mit der jungen deutschen Kunst von damals, ja mit *Wagner* (der das Wort von der »Zukunftsmusik« allerdings nicht geprägt und vielleicht sogar ungern gehört hat) herzustellen scheint. *Boito* ist ein idealistischer Feuerkopf. Fragte man ihn und seine Gefährten nach den Prinzipien, die in der »modernen« Oper herrschen sollten, so erfuhr man von »Vertiefung« der Stoffe, von »Veredelung« der Gefühle; nur »echte« Dichtung sollte auf die Bühne gebracht werden, sei es im Drama oder Musikdrama. Die Forderungen waren nicht neu: *Monteverdi*, der »Gründer«, hatte sie vor bald dreihundert Jahren seinen Bestrebungen zugrunde gelegt, *Gluck* sie zum Ziel seiner Reform gemacht, und *Wagner* schuf ganz in ihrem Geiste. Eine Annäherung zwischen *Boito* und ihm konnte kaum ausbleiben.

Der junge Italiener trat mit einem Opernwerk hervor: Am 5. März 1868 spielte die Mailänder Scala seinen »Mefistofele«. Der Mißerfolg war so deutlich, daß *Boito*, der die ersten drei Vorstellungen selbst dirigierte, das Werk zurückzog und sieben Jahre lang einer intensiven Umarbeitung unterzog. Dann erfolgte eine neue, dieses Mal triumphale Aufführung, die dem Werk zahllose Bühnen der Welt erschloß und ihm die Anerken-

nung der *Goethe*-Kenner eintrug, im Gegensatz zu *Gounods* –
viel populärerem – »Faust«, mit dem die Literatur-Sachver-
ständigen sich niemals einverstanden erklären konnten.
Ricordi gehörte zu Boitos frühen Anhängern; vor allem erkannte er die ungewöhnliche Fähigkeit des Dichter-Komponisten, große Stoffe in psychologisch wie dramatisch hervorra-
gender Weise zu konzentrieren. Das gefiel *Signor Giulio* so
sehr, daß er einen neuen Entwurf *Boitos*, ein Nero-Drama, am
liebsten *Verdi* zur Vertonung gegeben hätte. Aus dem Plan
wurde nichts, viele Jahre später hat *Boito* dann diesen »Nerone« selbst vertont, ohne mit ihm den Erfolg des »Mefistofele«
wiederholen zu können.

Verdi ist zwar auch für die »Scapigliati« unantastbar geworden, zu tief ist er im Volke verwurzelt und zu groß sind seine
Verdienste um das »Risorgimento«, den großen Einigungsge-
danken, der Jahrzehnte lang Italien geistigen und politischen
Schwung verliehen hat. Aber ganz von selbst brechen Gegen-
sätze zwischen ihm und den »Zukunftsmusikern« auf. Er ist
nie ein Feind *Wagners* gewesen, dessen enorme Schaffenskraft
er neidlos anerkennt. Doch bestehen für ihn unübersteigbare
Schranken in der Musikauffassung des Südens und des Nordens. Er bewundert die Partitur des »Tristan«, die aufgeschla-
gen in seinem Arbeitszimmer von Sant' Agata liegt, und trotzdem unterscheidet er seine eigene Kunst mit einem einzigen
Satz von der *Wagners*: »Meinen Sie, ich hätte unter unserer
Sonne, unserem Himmel den ›Tristan‹ schreiben können?«
Für ihn vertieft sich der Gegensatz in der Musik des Südens und
des Nordens noch mehr, als Musikformen über die Alpen in
sein Land einzuströmen beginnen, die er für »germanisch«, für
»unitalienisch« hält: Sinfonik und Kammermusik. Zu ihrer
Pflege entstehen nun erstmalig auch in Italien Gesellschaften,
die sich sogar des öfteren an *Verdi* wenden, um ihn zur Über-
nahme der Ehrenpräsidentschaft zu veranlassen. Seine Absa-
gebriefe lassen an Deutlichkeit nichts zu wünschen übrig. Warum überläßt man die Quartettpflege nicht den Deutschen, die
in dieser Musikform Wesentliches zu sagen hätten, während sie
den Italienern doch immer fremd bleiben müsse? Warum grün-
det man nicht lieber, hundertmal lieber, »vokale Quartett-Ver-
einigungen«, die der nationalen Eigenart entsprächen und das
große Erbe der italienischen Renaissance hüten und pflegen

könnten? Für *Verdi* bedeutet Musik schlicht und einfach: Vokalmusik. Eine Musik ohne Gesang? Bedenklich, unitalienisch. Er wird dann allerdings für einmal sich selbst untreu – und das kann bei dem »Unerbittlichen« vorkommen – und komponiert 1873 ein Streichquartett: allerdings erst dann, als er mit dem Opernschaffen abgeschlossen hat oder glaubt, aufgehört zu haben.

Boito wird zu einem der Wegbereiter, der Herolde *Wagners* in Italien. Der empfindet die Gewinnung des vielbeachteten Dichter-Komponisten als nicht geringen Sieg. Der Brief »an einen jungen italienischen Musiker« – er ist zweifellos an *Boito* gerichtet – spricht eine deutliche Sprache. 1871 kommt es im Stadttheater zu Bologna zur aufsehenerregenden italienischen »Lohengrin«-Premiere, der ersten Aufführung eines kompletten Wagnerwerks im Geburtsland der Oper. Sie ist für *Verdi* mit einem schmerzlichen Ereignis verbunden: dem »Abfall« des vorher so engen, treuen Freundes *Angelo Mariani*, der diesen Abend dirigiert. *Verdi* wohnt der Premiere bei, kann aber seinen Wunsch nach Anonymität nicht verwirklichen; er wird im Hintergrund einer Loge doch erkannt und stürmisch gefeiert. Er ist nicht darüber gekränkt, daß der Musiker, den die Welt um jeden Preis zu seinem »Rivalen« machen will, nun auch in Italien gespielt wird, ja nicht einmal so sehr darüber, daß ein Kapellmeister, der mit seinen Werken groß geworden ist, nun *Wagner* dirigiere; es kränkt ihn vor allem, daß auch dieser Freund ein unüberbrückbares Dilemma zu erblicken glaubte zwischen *Wagners* und seiner Kunst, einen Gegensatz, in dem es Stellung zu beziehen galt. Er selbst konnte beim besten – oder beim schlechtesten – Willen diese strenge Scheidung nicht für endgültig halten. Vielleicht war *Wagners* Kunst für den Norden so repräsentativ wie die seine für den Süden. Und warum sollten die Völker nicht auch die Kunst anderer Länder erleben und verstehen lernen?

Der Kontakt zwischen *Verdi* und *Boito* war abgerissen, nachdem er kaum erst geknüpft worden war, und die rasch verklungene »Hymne der Nationen« stellte kein wirkliches Band dar. Innerlich aber standen sie einander näher, als sie ahnten. Verdi erkannte, besonders nach der Aufführung der zweiten Fassung des »Mefistofele«, *Boitos* starke Persönlichkeit, sein Talent als Dramatiker wie als Musiker. Und *Boito* stellte an jedem neuen

Verdi war glücklich, endlich in Arrigo Boito den vollendeten Librettisten gefunden zu haben.

Werk des Meisters einen unleugbaren Fortschritt fest: und zwar vor allem in jener Richtung, die nach seiner Ansicht zur »wahren« Oper führen würde, zum alleingültigen Musikdrama, das er bei *Wagner* bewunderte, von dem er aber überzeugt war, es bilde auch die Zukunft des italienischen, ja jeden Musiktheaters. Er wußte nicht, wie sehr *Verdi* sich nach einem Libretto sehnte, wie er selbst es als einzig richtig empfand: aus »großer « Dichtung geboren, auf echte, tiefe Darstellung menschlicher Konflikte gerichtet, erschütternd ohne falsches Pathos, einfach und klar, ergreifend durch ungeschminktes Gefühl, lebenstreu, verständnisvoll. Doch keiner von beiden ahnte während vieler Jahre, daß sie sich auf diesem Gebiet finden würden.

Giulio Ricordi allein schien es vorauszusehen. Er wünschte es sehnlich, und das bedeutete bei einem so zielbewußten Mann die Möglichkeit der Verwirklichung. Er wartete nur auf den richtigen Augenblick.

Im Frühsommer 1879 verbrachte *Verdi* mit seiner Gefährtin »Peppina« einige Tage in Mailand. Sie waren, wie immer, in einem sehr guten Hotel auf der Via Manzoni, der Scala benachbart, abgestiegen. *Verdi* dirigierte – mit dem stürmischen Erfolg, den dieses Werk überall hervorrief – sein »Requiem«. Kaum hatte er sich auf sein Zimmer zurückgezogen, als eine starke Bewegung vor seinen Fenstern Aufmerksamkeit erzwang: Dort unten hatte das gesamte Orchester der Scala Aufstellung genommen, was begreifliches Aufsehen hervorrief. Und als *Verdi* sich auf dem kleine Balkon zeigte, begannen die Musiker, unter dem Jubel der Hunderte von nächtlichen Spaziergängern, ihm eine Serenade zu bringen: von der Ouvertüre des »Nabucco« angefangen, über das zarte Vorspiel des vierten Akts der »Traviata« bis zur Einleitung der »Sizilianischen Vesper«. *Verdi* war tief gerührt. Er eilte auf die Straße, wo in der Menge auch *Boito* stand. Er erkannte ihn nicht, eilte an ihm vorüber, umarmte den Dirigenten *Franco Faccio* und brachte vor Bewegung nur die Worte hervor: »Das gilt allen... allen...«

Wenige Tage später speiste *Faccio* bei *Verdi* und *Peppina* im Hotel; auch *Giulio Ricordi* war eingeladen. Ein Freundschaftsessen, ohne Zweifel. Der Meister bei froher Laune. An seiner Seite die Frau, die einst einer glänzenden Sängerinnenkarriere entsagt hatte, um sein Leben zu teilen, und die nun seit Jahrzehnten seine aufopfernde Gattin war: *Giuseppina Strepponi,* genannt *Peppina. Ricordi, Verdis* Leben eng verbunden, und *Faccio,* ausgezeichneter Dirigent, der in den größten Opernhäusern der Halbinsel an unzähligen *Verdi*-Abenden am Pult stand. Ein Freundschaftsessen, das sich mit voller Natürlichkeit aus der Anwesenheit des Maestro in Mailand ergab. *Verdi,* der sonst immer leicht Mißtrauische, ahnte nichts. *Ricordi* lenkte das Gespräch, *Faccio* assistierte ihm so geschickt, daß er von *Ricordi* später den Ehrennamen eines »Komplizen« erhielt. Denn es handelte sich um eine »Verschwörung«, deren – später so glückliches – »Opfer« *Verdi* war. *Ricordi* lenkt den Angriff. Es ist von keiner neuen Oper des Maestro die Rede, so dumm ist *Signor Giulio* nicht. Er bringt das Gespräch auf *Shakespeare,* ein Thema, das *Verdi* stets fesselt. Nebenbei wird auch *Boito* erwähnt, seine starke Begabung zur musikdramatischen Bearbeitung bedeutender Stoffe. Er sei bestimmt auch der geborene *Shakespeare*-Bearbeiter, falls einmal irgend jemand an die Vertonung seiner Dramen gehen wollte. Alles bleibt Konversation, interessantes Gespräch unter gebildeten Tischgenossen, unter vier Fachleuten, von denen jeder auf einem anderen Wege Zugang zur Opernkunst gefunden hat: die Sängerin, der Komponist, der Verleger, der Dirigent. Angenehm und flüssig rollt das Gespräch dahin. Beginnt *Peppina* etwas zu ahnen, als sie die ungewöhnliche Anteilnahme spürt, die »ihr« *Verdi* dem Thema schenkt? Ein bestimmter Stoff wird erwähnt: »Othello«. Man bedauert einstimmig, daß *Rossini* – das liegt ja nun über sechzig Jahre zurück! – ein so schlechtes Textbuch dieses großartigen Werkes hatte vertonen müssen! *Giuseppe Verdi* nennt es »nicht poetisch und noch weniger shakespearisch«. Ja, das wäre ein Stoff! Kein Wort bringt ihn mit *Verdi* in Verbindung, man unterhält sich rein theoretisch. Kein Wort fällt auch darüber, daß *Boito* ein Szenarium für eine »Othello«-Oper schon fertig hat. *Peppina* horcht auf. Es liegt in der Luft, daß nun jemand *Verdi* nahelegen mußte, an einen neuen »Othello« zu denken, schon um zu beweisen, daß die geniale Musik *Rossinis* an einem schwachen Libretto zugrunde gegangen war und an nichts anderem.

Giuseppina weiß nicht recht, wie sie sich verhalten soll. *Verdi* ist ihr alles auf der Welt. Von den Gästen weiß sie, daß sie ehrliche,

Im Alter pflegte das Ehepaar Verdi die Winter, die in Sant'Agata feucht und kühl waren, stets im sonnigeren Genua zu verbringen, wo ihm der feudale Doria-Palast angemessene Unterkunft bot.

ihn verehrende Freunde sind. Will sie selbst, daß *Verdi* noch einmal in die Arena der Theater herabsteige, um neue Kämpfe zu bestehen? Würden neue Siege ihn glücklicher machen? Sie leben friedlich und still in Sant' Agata, reisen im Winter gern in sonnigere Gefilde. Sie allein weiß, wie *Verdi* seufzt, wenn es wieder einmal gilt, den Frack einzupacken, den Zylinder, den schwarzen seidenen Überwurf; ist es ihnen doch immer, als verkleide er sich zu einem Maskenball. Gewiß, es war unumgänglich, als es galt, Ruhm und Geld zu erwerben. Aber jetzt? Ab und zu eine schnelle Reise, um eine seiner längst komponierten Opern bei einer Neueinstudierung zu dirigieren, irgendwo in Europa, wo man ihn feiern wollte. Doch noch einmal die monatelange Klausur, die Gereiztheit des Schöpfers, wenn er durch alltägliche Dinge aus seinen Träumen gerissen wird, die endlosen, oft heftigen Diskussionen mit den Textdichtern, den Theatern, den Sängern, noch einmal dies alles? Doch sie denkt auch: ein neues Meisterwerk, vielleicht sein größtes, Melodien wie nur er sie zu schreiben imstande war und

Verdi etwa siebzigjährig, in der »Verkleidung«, die er an Opern-
abenden anlegen mußte und die er so schnell wie möglich dann wieder
mit der bäuerlichen Kleidung vertauschte, die er in Sant'Agata trug.

an denen sich manche Generation erfreuen würde? *Peppina* weiß nicht recht, was sie wünschen soll. Wäre es zu seinem Glück, sie würde das Opfer, das jedes seiner Werke von ihr erforderte, gern auf sich nehmen. Doch: Wäre es zu seinem Glück? Was kaum je vorgekommen war: Sie konnte *Verdis* Gefühle nicht erraten. War er sich selbst vielleicht darüber nicht im klaren?

In ihm müssen seltsame Gedanken miteinander gekämpft haben. Die Möglichkeit eines meisterhaft gebauten Othello-Librettos von *Boitos* Hand schien gegeben. Endlich, endlich eine würdige Opernbearbeitung *Shakespeares!* Wem könnte sie dienen? Rasch müssen *Verdis* Ansichten zu traurigen Schlußfolgerungen gelangt sein: Er stand allein: In ganz Italien gab es niemanden, der einer solchen Aufgabe gewachsen wäre. *Saverio Mercadante,* beachtenswert in einigen seiner Schöpfungen, war seit fast zehn Jahren tot. Der noch ziemlich am Anfang seiner Karriere stehende *Amilcare Ponchielli,* dessen »Gioconda« vor drei Jahren in der Scala einiges Aufsehen erregte? Bedurfte es, um einen »Othello« zu gestalten, nicht der Erfahrung eines langen, reichen Künstlerlebens? Sollte er selbst . . . ? Nein, nein, er wollte ja nie wieder . . . Immerhin zeigte er sich lebhafter interessiert, als es wohl sein Wunsch gewesen wäre. So sehr, daß *Ricordi* den »Sieg« bereits für »sicher und unmittelbar bevorstehend« hielt, wie er später eingestand.

Schon am nächsten Tag erhält *Verdi* in seinem Hotel abermals Besuch. *Faccio* ist wieder da und hat einen Gast mitgebracht: *Arrigo Boito. Verdi* ist freundlich, aber in der Sache selbst zeigt er sich unnahbar. *Don Giulio** hat es später – nach dem vorher zitierten Satz – so erzählt:» . . . Als am folgenden Tage Faccio auf meinen Rat Boito zu Verdi brachte, mit dem vollständig entworfenen Libretto zu ›Othello‹, wollte der Meister, nachdem er es geprüft und für ausgezeichnet befunden hatte, sich zu nichts verpflichten . . .«

Immerhin: *Verdi* hatte die Skizzen zum »Othello« erhalten. Er läßt einige Zeit hindurch nichts verlauten. Die Verschworenen, zu denen nun auch *Peppina* gehört – da sie *Verdis* Interesse spürt –, sind in dauernder Erregung und Bewegung. Natürlich darf das Wort »Othello« nicht fallen, damit es dem Maestro in

---

* Es ist in Italien, gerade wie in Spanien üblich, Respektspersonen mit »Don« anzusprechen, das wahrscheinlich vom lateinischen »dominus« herrührt. (Im Portugiesischen: Dom)

keiner Weise zu Gehör dränge. Wie die Kinder haben sie andere Namen und Bezeichnungen gefunden, deren sie sich mit heimlicher Freude bedienen. *Verdi* macht ihnen einen Strich durch ihre Bemühungen: Am 18. Juli sendet er einen seiner typischen Briefe an *Ricordi:* »Giuditta« (Giulio Ricordis Gattin) »hat an Peppina etwas von ›Schokolade‹ geschrieben. Sie schreiben mir von ›Kakao‹. Bedenken Sie genau: Ich mache Sie jetzt nochmals aufmerksam, daß ich mich zu absolut nichts verpflichtet habe, daß ich mich nicht verpflichten will, daß ich meine Freiheit uneingeschränkt zu erhalten wünsche –, haben Sie mich gut verstanden?«

Ricordi hat verstanden, aber er verläßt sich darauf, daß der Dorn, den er *Verdi* mit dem »Othello«-Gedanken und der glänzenden Skizze von *Boito* ins Fleisch trieb, tief genug säße, um nicht so leicht wieder entfernt oder vergessen zu werden. Er lächelt über »Schokolade« und »Kakao«, die so harmlosen Bezeichnungen für den gewalttätigen »Mohr von Venedig«, der zum Symbol der rasenden Eifersucht wurde. So, als wäre nichts geschehen – und es ist ja wirklich nichts geschehen –, schlägt er einige Wochen später vor, »in Gesellschaft eines Freundes« nach Sant' Agata zu kommen. *Verdi* geht sofort in Verteidigungsstellung: »Sant' Agata, 4. September 1879 . . . Ein Besuch von Ihnen in Gesellschaft eines Freundes, der wohl sicherlich Boito heißen würde, ist mir immer willkommen. Aber gestatten Sie mir, daß ich über diese Angelegenheit sehr klar und ohne Komplimente zu Ihnen spreche. Ihr Besuch würde mich zu stark verpflichten, und ich will mich zu absolut nichts verpflichten. Sie wissen, wie dieses ›Schokoladenprojekt‹ geboren wurde: Sie speisten mit mir, einige Freunde waren anwesend. Man sprach von Othello, von Shakespeare, von Boito. Am nächsten Tage brachte Faccio Boito zu mir ins Hotel. Drei Tage darauf überreichte Boito mir die Skizze von ›Othello‹, die ich las und gut fand. ›Machen Sie daraus ein Textbuch‹, sagte ich ihm, ›das kann nur gut sein für Sie, für mich, für jemanden anderen usw. usw.‹. Wenn Sie jetzt mit Boito kommen, fühle ich mich verpflichtet, das Libretto zu lesen, das er sicherlich fertig bringen wird. Finde ich den Text vollkommen gut, so bin ich in gewissem Sinne verpflichtet. Wenn ich ihn gut finde und Änderungen vorschlage, die Boito akzeptiert, so bin ich noch stärker verpflichtet. Wenn er mir aber, obwohl er besonders schön ist, nicht zusagt, wäre es zu hart, ihm dies ins Gesicht zu sagen. Nein, nein, Sie sind schon zu weit gegangen, und man sollte einhalten, bevor es Mißverständnisse und Unannehmlichkeiten geben könnte ...« Schließlich schlägt *Verdi* vor, *Boito* möge ihm das fertige Libretto schikken, er werde es lesen und in Ruhe eine Meinung äußern, ohne daß dadurch einer der beiden Teile »verpflichtet« würde. Wäre diese »reichlich heikle« Angelegenheit einmal erledigt, würde er sich über einen Besuch *Ricordis* mit *Boito* sehr glücklich schätzen.

Boito war in Venedig und legte nun, auf *Signor Giulios* Geheiß, mit verdoppeltem Eifer Hand an das Texbuch des »Othello«. Im Schreiben an einen Freund bittet er, *Ricordi* mitzuteilen, daß er »morgen oder übermorgen mit den Versen des letzten Aktes beginnen« und daß alles »rechtzeitig fertig« sein werde. Er setzt noch hinzu: »Wenn ich nicht diese Woche die vernichtete Desdemona an Giulio absenden kann, so fürchte ich sehr, daß zuletzt ich der Vernichtete sein werde ...«

Ganz so glatt ging *Boitos* Arbeit doch nicht vonstatten, aber sie »vernichtete« ihn auch nicht: Im Gegenteil, sie machte ihm große Freude, wie aus folgenden Zeilen hervorgeht (einem Brief an *Ricordi* entnommen und von diesem in einem Schreiben an *Verdi* zitiert): »Ich wende bei dieser Arbeit eine ganz besondere rhythmische Schreibweise (in den lyrischen Partien) an; das wird, glaube ich, unseren Maestro lebhaft interessieren; es dürfte auch Dich nicht wenig begeistern und einen starken Antrieb für den Plan bilden, der uns so am Herzen liegt ... Mir scheint, ich habe eine Form gefunden, die Shakespeares Text und seinem musikalischen Ausdeuter bewundernswerte Dienste leisten wird ...«

Am 17. September geht folgende Mitteilung *Ricordis* an *Verdi*: »Boito schreibt mir heute aus Venedig, daß er die Arbeit beendet hat, daß er sie nochmals abschreibt, aber mit so viel und so großer Angst, daß er sie am liebsten nochmals von vorne beginnen würde! Der bloße Gedanke, sie Ihnen vorzulegen, läßt ihm keine Ruhe, er fürchtet, nichts Ihrer Würdiges zustande gebracht zu haben. Auf jeden Fall wird er nächste Woche persönlich nach Mailand kommen und mir sein Manuskript übergeben. Ihrer Verfügung gemäß schicke ich es Ihnen, damit Sie es in völliger Ungebundenheit prüfen können. Hätte ich das

Glück, fromm zu sein, wäre jetzt der Augenblick, der Madonna Kerzen anzuzünden und vor Gott niederzuknien, damit unsere heißesten Wünsche erfüllt würden! Maria ist eine so große Himmelsgestalt, daß sie vielleicht sogar die Gebete eines Ungläubigen erhört . . .«

Es ist schade, daß wir nichts darüber wissen, wie *Verdi* die mehrfachen, wenn auch sehr kleinen Verzögerungen hinnahm. Brannte er auf das Textbuch? Beschäftigte er sich in Gedanken überhaupt damit? War er bereit, eine neue Oper zu komponieren? Am 29. September schreibt *Don Giulio* wieder: » . . . In Bestätigung meines letzten Briefes teile ich mit, daß Boito gestern abends mit der fertigen Arbeit angekommen ist. Wenn ich sie nicht sofort sende, dann darum, weil er sie nochmals abschreibt und zugleich zwei Szenen überarbeitet, die ihn nicht ganz befriedigen. Er hat sich ein wenig verspätet, weil ihn eine Gesichtsneuralgie plagte, die ihn nicht arbeiten ließ . . . Ich schwebe inzwischen zwischen Himmel und Erde, unruhig, nervös, zwischen Leben und Tod . . .«

Anfang Oktober geht endlich das Libretto des »Othello« aus Mailand nach Sant' Agata ab. Damit scheint der »Fall Othello« erledigt. Denn *Verdi* erwähnt ihn einfach nicht mehr, leugnet ihn sogar ab, verdrängt ihn, aus seinen Gesprächen, seiner Korrespondenz, vielleicht zeitweise aus seinem Bewußtsein. Zeitweise. Denn auf die Dauer vermag er es nicht. Sein Schweigen bringt alle ihm Nahestehenden an den Rand der Verzweiflung. *Peppina* befürchtet eine Wiederholung des »Falles König Lear«, der – nach ihren Worten – »seit dreißig Jahren schläft«. *Verdis* Gedanken sind undurchdringlich, sein Vorgehen – oder Nichtvorgehen – unbegreiflich und grausam gegenüber den Menschen, die am engsten mit dem Plan zusammenhängen, *Boito* und *Ricordi*. Erfährt *Peppina* mehr? Man glaubt zu wissen, sie habe *Verdis* Arbeitszimmer nie betreten, ihn auch nie nach Dingen gefragt, von denen er nicht selbst zu sprechen begann. Es ist durchaus denkbar, daß auch die geliebte *Peppina* lange Zeit hindurch nicht erfuhr, ob *Verdi* an der neuen Oper arbeitete.

Gegen Jahresende 1879 wechseln *Verdi* und *Faccio* schriftliche Grüße. Der Dirigent dankt dem Meister für eine – wie immer namhafte – Spende zugunsten der Armen und setzt hinzu, es gebe noch einen »anderen Armen«, dem geholfen werden müsse, einen »Kranken, den Sie mit einer ›Schokoladenkur‹ heilen könnten: die italienische Oper«. Natürlich beantwortet der Maestro diese Anspielung sofort, und genau auf seine Weise: »... Dem Kranken, von dem Sie sprechen, geht es viel zu schlecht, und kein Arzt könnte ihn jetzt heilen. Selbst ein gelungener ›Othello‹ könnte den Kranken nur einige Tage länger am Leben erhalten und sonst nichts. Der Nutzen wäre sehr gering, der Arzt würde keine Befriedigung empfinden ...« Und dann läßt er sich dem Freunde gegenüber noch recht lang über Kunstfragen im allgemeinen aus, lang und bitter, ohne das Thema, das ihn so sehr beschäftigt – der Niedergang der »Grand' Arte«, der wahren Kunst und der Oper –, erschöpfen zu können: »Addio, addio. Ein anderes Mal sage ich Ihnen alles Weitere ...«

Dann gibt es, fast wie zufällig, Erwähnungen des »Othello« in einem vergnüglichen Briefwechsel mit dem bedeutenden Maler und lieben Freund *Domenico Morelli,* von dem *Verdi* bedeutende Werke in Sant' Agata besitzt. Der »Othello«, von dem die Rede ist, habe nur mit *Shakespeare* zu tun, nicht mit *Verdi,* der noch sehr lange von einer eventuellen Oper über diesen Stoff nichts erwähnt – oder sich vielleicht wirklich nicht mit ihr beschäftigt. *Morelli* hat dem Maestro Photographien seiner neuen Werke geschickt, darunter einen »König Lear«. *Verdi* dankt: »... Wie schön ist das! Trostlos wie das Thema selbst!« Und dann legt er dem alten Freund nahe: »Warum machst Du, als Pendant zu diesem Entwurf, nicht eine Szene aus ›Othello‹? Zum Beispiel: wenn Othello Desdemona erwürgt. Oder besser (da es neuartiger wäre), wenn Othello, von Eifersucht überwältigt, zu Boden stürzt und Jago mit einem teuflischen Lächeln sagt: ›Wirke, mein Gift!‹ ... Was für eine Figur, dieser Jago! Was meinst Du? Schreibe mir, arbeite ... ich umarme Dich in größter Bewunderung.«

Morelli geht sofort auf die Anregung ein: »Jago, der den gestürzten Othello betrachtet, welche glänzende Situation! Jago, mit dem Gesicht eines Ehrenmannes. Ich habe einen Priester getroffen, der ihm genau ähnlich sieht; wenn ich ihn wiederfinde, schicke ich ihn Dir – nicht den Priester, sondern eine Skizze, die ich von ihm machen will. Großer Gott, was für Noten hast Du wohl für eine solche Situation bereit, wenn ich daran denke, fühle ich mich ganz, ganz klein; ich möchte nichts mehr mit

Farben zu tun haben, ich möchte ein Sänger sein, um ein ganzes Theater erzittern zu machen, auch wenn es mit lauter blöden Leuten gefüllt wäre . . .«

Verdi ist entzückt, er übersieht die Anspielung auf die »Noten« und antwortet: »Gut, sehr gut, ausgezeichnet! Jago als Ehrenmann! Oh, ich hab's ja gewußt, ich war ganz sicher. Mir ist, als sähe ich diesen Priester, das heißt Jago mit dem Gesicht eines Gerechten! Also schnell, setze vier Pinselstriche und schicke mir die Leinwand . . . vorwärts, vorwärts, schnell, schnell . . . Inspiration . . . wie sie kommt, kommt sie . . . mach's nicht für Maler, mach's für einen Musiker!«

Seltsam, dieses brennende Interesse an einer bildhaften Darstellung einer Szene aus »Othello«! An Jago besonders. Hat diese unmenschliche, untermenschliche Gestalt schon zu jenem Zeitpunkt, zu Anfang des Jahres 1880, begonnen, *Verdis* Phantasie zu erregen, mehr als die engelsgleiche Desdemona, mehr als der unselige, bis zur Tragödie geradlinige Othello? Es findet sich nirgends eine feste Zustimmung des Maestro zur Komposition. Und doch ist daran nach vielerlei Indizien kaum mehr zu zweifeln. Er schlägt Änderungen für das Finale des dritten Aktes vor. Aber von einer wirklichen Arbeit *Verdis* an der neuen Oper findet sich nirgends ein Wort, ein Zeichen, eine Ahnung.

Verdis Leben in Sant' Agata und auf kurzen Reisen geht unverändert weiter, nichts deutet hin auf einen Entwicklungsprozeß, aus dem eine neue Oper hervorgehen könnte. Vorübergehend ist *Peppina* von ihm getrennt und benützt die Gelegenheit zu einem Liebesbrief an ihn: »Genua, 21. April 1880. Mein liebster Verdi! Ich schreibe Dir einen kleinen Begleitbrief zu den Zeilen von Perosio* und dem Telegramm aus Rom, das, nebenbei gesagt, mehr als fünf Lire gekostet hat! Sicher geistern seltsame Gedanken in Deinem Kopf herum, über die verspäteten Jubelstürme für Deine ›Aida‹ und das ›Requiem‹; sicher murmeln Deine Lippen: ›Basta, basta!‹ Aber die Welt ist eben so. Du bist nicht nur das gleiche Genie wie vor sechs Monaten, sondern immer der gleiche, der Du zu Zeiten des ›Nabucco‹** warst, als

---

* Giuseppe Perosio, Genueser Schriftsteller, Freund Verdis.
** »Nabucco«, dessen Uraufführung fast vierzig Jahre zurücklag (1842) bedeutete nicht nur Verdis Durchbruch zum Ruhm, sondern auch den Beginn seiner Beziehungen zu Giuseppina Strepponi, die damals die Abigail sang.

Du schwer kämpfen mußtest! Der ganze Unterschied liegt darin, daß damals die Menge eine gute Brille brauchte, um den aufgehenden Stern am Himmel zu entdecken. Heute hingegen leuchtet er, wo er sich nur zeigt! Alle möchten von ihm angestrahlt werden, um selbst sichtbar zu sein. Jeder will das meiste Licht bekommen, um mehr als die anderen gesehen zu werden, jeder will von sich sagen: Ich bin der Erste! Alles ist nur Eitelkeit. Alles unter der Sonne ist Eitelkeit! Ich bin alles, was Du willst, aber ich bin doch ein wenig anders als die übrigen ... Sollen ihre Huldigungen für Dich ruhig bis in den Himmel wachsen, – wenn nur ich bei Dir sein darf! Du wirst sehen, ich werde Dich nie stören, Dir nur im richtigen Augenblick ergriffen und leise sagen, wie sehr ich Dich liebe und verehre ... Arbeite nicht zuviel und denke immer daran, daß Du in der Kunst nicht mehr höher steigen kannst, daß die Krone Deines Werkes eine ›komische Oper‹* sein wird. Suche Dein Leben so zu gestalten, daß Du so alt wirst wie Methusalem (966 Jahre) und sei es auch zur Freude des Menschen, der Dich liebt und zum Ärger der französischen Maestri, die besten nicht ausgenommen! Wenn Fetide, ich will sagen Fétis** noch lebte, würde er einen Gallenanfall erleiden und sterben aus Wut darüber, wie sich die Zeiten geändert haben! Ich küsse und umarme Dich, wünsche Dir guten Appetit und mir ein baldiges, sehr baldiges Wiedersehen! Ich liebe Dich noch immer ganz wahnsinnig! ... Was für dummes Zeug habe ich da zusammengeschrieben! Auf Wiedersehen also, auf bald. Peppina.«

Das Jahr 1880 vergeht, ohne daß über Fortschritte oder auch nur Beschäftigung mit einer neuen Oper etwas zu vermelden sei. In vereinzelten Briefen finden sich Anspielungen auf den »perfiden Jago«, mehr nicht. Im Spätherbst ziehen *Verdi* und *Giuseppina* (wie nun fast immer) nach Genua, wo sie den geräumigen Palazzo Doria bewohnen. Ist es der Geist dieses Ortes, ist es das wachsende Zutrauen in die künstlerische Kraft und persönliche Lauterkeit des jungen *Boito* oder ist es das unaufhörliche Mahnen *Ricordis:* Der Maestro findet sich bereit, den »Simone Boccanegra« einer Neubearbeitung zu unterziehen. Alle drei – *Verdi, Boito, Giulio* – steuern Gedanken bei,

---

* Seltsame Vorahnung von Verdis letztem Werk, dem »Falstaff« von 1893.
** Wortspiel, in dem der Name des Musikwissenschaftlers Fétis mit »verfault« in Verbindung gebracht wird.

vieles wird umgearbeitet, gestrafft, *Petrarcas* seherische Mahnung zum Frieden zwischen Genua und Venedig – »Kinder der gleichen Mutter Italia« – wird eingebaut. Soweit die Charaktere des Werkes, das 1857 vollendet worden war, noch schärfer profiliert werden konnten, geschah es. Manches, was *Boito* nun anstrebt (der mit wahrer Selbstverleugnung versucht, einen fremden, nicht sonderlich geglückten Text zu vertiefen und »musikalischer« zu gestalten) weist auf seine Auffassung vom »Musikdrama« – im Gegensatz zur alten, geistig primitiveren Oper – hin. Dieser Zug ist *Verdi* weder neu noch fremd. Vielleicht hat er sich nie theoretisch damit auseinandergesetzt; er ist kein Mann der Theorie. Aber auch er hat längst den Zug der Zeit gespürt, die einfache Schwarz-Weiß-Malerei in den Charakteren, einen bilderbogenartigen Ablauf im Dramaturgischen nicht mehr zuließ. Spätestens in »Don Carlos« war zu spüren, daß *Verdi* sich weit von den Opern seiner frühen, ja selbst seiner mittleren Zeit entfernt, weiterentwickelt hatte. Als bei dessen Uraufführung in Paris, 1867, *Bizet* böse Worte über *Verdis* »Germanismus« und sogar »Wagnerimitation« schrieb, hatte zwar sein Verstand ihn arg getäuscht, nicht aber sein Gefühl: Es bedurfte weder einer Hinwendung zu »deutschen« Prinzipien noch zu *Wagner*, um sich von der Oper der jungen Romantik zu lösen und die engere Verbindung zwischen Dramaturgie und Musik im Musikdrama zu suchen. Das war keineswegs ein »nordisches« Prinzip, es war, musikhistorisch genommen, eine Rückkehr, eine Heimkehr zu *Monteverdi* und der florentinischen Camerata. Musikgeschichtliche Kenntnisse allerdings waren bis ins vorgerückte 19. Jahrhundert nur spärlich anzutreffen, von einer großlinigen Überschau über die Entwicklung von Epochen und Stilen war kaum die Rede. Sonst hätte man – hätte ein genialer Musiker wie *Bizet* – deutlich erkannt, daß *Verdi* nicht *Wagner* imitieren mußte, um zum Musikdrama zu gelangen; hätte geahnt, daß sie beide unter dem gleichen Gesetz standen, stehen mußten.

Die zweite Fassung des genuesischen Dogendramas »Simone Boccanegra«, die am 24. März 1881 unter allen Anzeichen eines durchschlagenden Erfolgs in der Mailänder Scala in Szene ging, steht – aus der Perspektive der späteren Ereignisse – in engem geistigen Zusammenhang mit der Vertonung des »Othello«, von der nun doch ab und zu bereits die Rede ist. Wer die

Gestalt des Jago kennt, fühlt, daß er im Schuft Paolo – wie *Boito* und *Verdi* ihn nun verhärten und schärfen – eine packende Vorstudie besitzt.

Der Kontakt zwischen dem Musiker und seinem idealen Dramaturgen (und Dichter) ist enger geworden. Sie sehen einander – in Genua, in Sant' Agata –, sie korrespondieren miteinander. *Verdis* Begeisterung für diesen jungen Künstler wächst zusehends; er fühlt sich tiefer verstanden, als dies je bei der noch so engen Zusammenarbeit mit *Piave*, mit *Ghislanzoni* der Fall sein konnte. Er hat den Mann gefunden, den er, vielleicht unbewußt, ein Leben lang gesucht hat. Und dieser geniale Mensch ist nicht nur einfühlsam, geradezu seherisch-intuitiv, gestaltungskräftig: Er ist auch, was *Verdi* stets besonders schätzt, diskret, bescheiden, respektvoll, unaufdringlich. Er holt mit letzter Anstrengung alles aus seinem sprühenden Geist, was dem verehrten Maestro dienen könnte, er stellt sein eigenes Schaffen hintan – seit langem arbeitet er an der Oper »Nerone« –, um *Verdi* zur Verfügung zu stehen, wann und wo immer dieser ihn brauche. Daß es ihm, seinem stürmischen Temperament, zu langsam geht, daß »der große Alte« immer noch ganz unentschlossen scheint – was tut's? Er ist ihm nah, dem Idol Italiens, seinem eigenen Vorbild. Und wenn das Schicksal es so wollte – *Peppina* sagte: »Gott« –, würde aus ihrer Zusammenarbeit etwas entstehen, was die Zeiten überdauern müßte.

Im Jahre 1881 korrespondiert *Verdi* über »Othello« noch mit einem weiteren Künstler. Noch nicht über »seinen«, sondern über *Shakespeares* »Othello«. Es ist der Malerfreund *Domenico Morelli*, den er vor einiger Zeit zu Zeichnungen und Bildern über dieses Thema angeregt hat. Meint *Verdi* wirklich nur das Drama *Shakespeares*? Jeder Satz, jedes Wort verraten seine intensive, höchst persönliche Anteilnahme:

»Sant' Agata, 24. September 1881. Lieber Morelli! . . . Wenn ich Domenico Morelli wäre und eine Szene aus ›Othello‹ im Bilde darstellen wollte – genauer gesagt, die Szene des ohnmächtig am Boden liegenden Othello –, dann zerbräche ich mir nicht den Kopf über die szenische Anmerkung ›Vor der Festung‹. Im Libretto, das *Boito* für mich schuf, spielt die Szene sich übrigens im Innern ab, womit ich sehr einverstanden bin. Aber ob innen oder außen, das ist doch gleichgültig. Darin sollte man nicht kleinlich sein; zu Shakespeares Zeiten inszenierte

Verdi und sein Textdichter Arrigo Boito bei der Arbeit an »Othello« in
Verdis Landsitz Sant'Agata.

man – wie Gott wollte! Der Gedanke, Jago in schwarzes Ge-
wand zu kleiden, so schwarz wie seine Seele, ist sehr gut. Doch
ich verstehe nicht, warum Du Othello venezianisch kleiden
willst. Ich weiß genau, daß dieser General, der unter dem Namen Othello der durchlauchtigsten Republik Venedig diente,
nur ein gewöhnlicher Giacomo Moro war. Aber da der Herr
Guglielmo* den groben Irrtum beging, einen Mohren aus ihm
zu machen, so soll er selbst alle Verantwortung dafür tragen.
Othello in türkischer Tracht, das kann ich mir nicht recht vor-
stellen; doch warum sollte er nicht äthiopisch gekleidet gehen,
wenn auch ohne den üblichen Turban? Viel wichtiger aber
scheint mir die Gestalt des Jago. Du möchtest ihn klein,
schmächtig; wenn ich richtig verstehe, einen verschlagenen,

* Guglielmo entspricht dem englischen William: Anspielung auf Shakespeare.

hinterlistigen Kerl. Wenn Du ihn so auffaßt, dann male ihn so. Wäre ich Schauspieler und sollte die Rolle des Jago darstellen, so würde ich ihn eher als hohe, magere Gestalt verkörpern, mit dünnen Lippen, kleinen Augen nahe der Nase, wie bei den Affen, einer hohen, nach hinten fliehenden Stirn und einem stark ausgeprägten Hinterkopf. Seine Haltung schiene unaufmerksam, unkonzentriert, gleichgültig gegen alles, mißtrauisch, seine Rede boshaft ätzend; er müßte Gutes wie Böses mit der gleichen Gelassenheit aussprechen, so als denke er gleichzeitig an ganz etwas anderes. Machte ihm jemand den Vorwurf, er tue oder sage etwas Niederträchtiges, müßte er überrascht antworten: ›So? Wirklich? Das habe ich nicht gewußt, doch sprechen wir von etwas anderem . . .‹ Eine solche Figur kann alle täuschen, bis zu einem gewissen Grade sogar die eigene Frau. Eine kleine, bösartige Gestalt hingegen machte sich von vorneherein verdächtig und könnte niemanden betrügen! Amen! Du lachst sicherlich, gerade so wie ich jetzt über diese lange Predigt lache! Ob klein oder groß, es muß einfach Jago sein. Den Othello male so, wie Du ihn siehst, türkisch oder venezianisch, beides wird gut werden. Nur denke nicht zu viel darüber nach! Vorwärts, vorwärts!«

Im Oktober dieses gleichen Jahres 1881 wird *Verdi* wiederum mit einer Ehrung überrascht. Zu den Büsten *Rossinis* und *Donizettis*, die bereits die Eingangshalle der Mailänder Scala schmücken, sollen nun zwei weitere kommen: *Bellinis* und *Verdis*. Der Maestro tobt vor Wut. *Bellini* ist einer seiner ganz großen Lieblinge, er findet in Gesprächen über ihn die bewunderndsten und liebevollsten Worte, und er bedauert tief, ihn nicht mehr gekannt zu haben. Welcher geniale Melodiker war dieser jung verstorbene Sizilianer! *Verdi* war bereit, die Aufstellung dieser Büste aus ganzem Herzen zu befürworten. Aber daneben die seine! Das empfand er als unannehmbare Geschmacklosigkeit. Noch lebte er, mochten sie nach seinem Tode tun, was sie wollten, er konnte es – auch mit einer testamentarischen Verfügung – nicht verhindern. Aber zu Lebzeiten, nein! Es zeigte sich, daß er es auch zu Lebzeiten nicht verhindern konnte, das »ganze Volk« wollte es angeblich. Er grollte. Selbstverständlich war er nicht zugegen, als dieses (übrigens gut gelungene) Werk des Bildhauers *Francesco Barzaghi* unter starker Anteilnahme der Mailänder Opernliebhaber enthüllt wurde. Aus diesem Anlaß wechseln *Boito* und *Verdi* Briefe. Und im letzten Satz eines Schreibens lesen wir *Boitos* bescheidene Anfrage: »Wann nehmen wir die bewußte Korrespondenz wieder auf?« Sie bezieht sich auf die Arbeit an »Othello«, über den der Maestro noch nichts Endgültiges gesagt hat.

Verdi antwortet mit einem wiederum für ihn sehr typischen Brief: »Sant' Agata, 29. Oktober 1881 . . . Tausend Dank für Ihr Schreiben vom 25. Oktober. Wissen Sie, was der 25. Oktober in der Scala bedeutet? Er besagt, daß ich alt bin (was ja nur zu wahr ist), ein Veteran, der schon zu den Invaliden gehört! Sei es, wie es will . . . Hier geht alles seinen gewohnten Gang; ich beschäftige mich mit den Feldern, der Erzeugung, den Ländereien, und so geht der Tag vorbei, ohne daß ich wohl etwas Nützliches getan hätte, ich gebe viel Geld aus, ohne daß mir irgend jemand dankbar wäre! So ist die Welt, so war sie immer und so wird sie immer sein; und ich lasse sie laufen, wie sie ist . . .«

Kein Wort von einer »Erneuerung der Korrespondenz«, kein Wort von »Othello«. Eine bittere Klage über »die Welt«; eine Anspielung auf die großen Summen, die *Verdi* laufend spendet (Anweisung an seinen Verleger *Ricordi:* » . . . Zahlen Sie bitte der Familie des verstorbenen Cristiani 200 Lire; zahlen Sie bitte 200 Lire der Witwe des armen Eugenio Cavallini . . .«, dazu noch ständig größere Beträge an alle möglichen wohltätigen Einrichtungen). Einige Worte über sein Alter: Er ist 68, kerngesund, daher seine kaum versteckte Erbitterung, die Aufstellung seiner Büste werfe ihn zu den Veteranen, den »Invaliden« (was im Italienischen, stärker als im Deutschen, die zu nichts mehr Tauglichen bezeichnet). Kein Wort über »Othello«.

Und doch liegt dieser »Othello« irgendwie in der Luft. Unwichtig, daß einige Zeitungen gelegentlich Vermutungen über »eine neue Oper, genannt ›Jago‹ bringen, an der *Verdi* angeblich arbeite. Bedeutsamer sind weitere Verbesserungen, die *Boito* an seinem Entwurf anbringt: das dritte Finale, der liebliche Chor, der die Gestalt Desdemonas im Sonnenschein so hell und zart hervortreten läßt, während Jago das erste Gift in Othellos Gehör träufelt. Verdi antwortet, ganz gegen seine Gewohnheit, entzückt: der Chor könne nicht besser, graziöser, eleganter, schöner sein – welcher Lichtstrahl inmitten so viel Dunkels!

Weihnachten wird wieder in Genua gefeiert. Ein Freundeskreis ist im Palazzo Doria Gast des glänzend gelaunten *Verdi.* Zuletzt wird ein Geschenk aufgetragen: eine Riesentorte, aus deren Zuckerglasur eine Schokoladenfigur ragt. Noch bevor es zu einer vielleicht bösen Bemerkung des Hausherrn kommen kann – auf die man beim »Meister von Sant' Agata« immer gefaßt sein muß, wenn man ihn überraschen, oder, wie er es ausdrückt, »verpflichten« will –, bricht allgemeines Gelächter aus: der »Mohr von Venedig« hat Röcke an – ein kleiner Irrtum des Zuckerbäckers. *Verdi* lacht mit den anderen, er nimmt *Giulio Ricordi* (wer denn könnte es gewesen sein?) den kleinen Spaß nicht übel.

Im ganzen Jahre 1882 ist überhaupt nichts Neues über den von vielen vermuteten Fortgang einer neuen Oper *Verdis* aus den dicken Mauern von Sant' Agata gedrungen. *Verdi* weiß sich abzuschirmen; die wenigen, die vielleicht etwas wissen, plaudern nicht. Wieder ist eine gemeinsame Arbeit des Maestro mit *Boito* im Gang, aber es wird noch immer nicht der »Othello«. Eine Neufassung des »Don Carlos« entsteht, von der erst zwei Jahre später die Welt erfährt, als es am 10. Januar 1884 zur umjubelten Premiere an der Scala kommt. Wieder spürt man die dramatische Meisterhand des Librettisten; aber selbst mit dieser nunmehr nur vieraktigen Version der *Schiller*-Vertonung kommt dieses Meisterwerk in bezug auf Bearbeitungen noch nicht zur Ruhe.

Am 13. Februar 1883 stirbt *Richard Wagner.* Es trifft *Verdi* mit größter Wucht. Sie sind einander seltsamerweise – oder nicht seltsamerweise? – niemals begegnet. Und doch verkörperten sie beide gemeinsam die Oper des 19. Jahrhunderts. Kein größerer Kontrast ist denkbar, zwei Menschen können nicht gegensätzlicher leben, fühlen, handeln und – komponieren. Trotzdem ist das Musiktheater nur mit beiden gemeinsam denkbar, sie stellen die beiden Schalen einer Waage dar. Sie hätten einander nichts zu sagen gehabt, wären ihre Lebenswege irgendwo zusammengelaufen. *Verdi*, der nach außen so Rauhe, fühlt, daß dieser Tod in Venedig einen Einschnitt von historischer Bedeutung darstellt. Er senkt im Geiste die Fahne tief vor dem gewaltigen Rivalen. Am 15. Februar schreibt er an *Ricordi*: »Traurig! Traurig! Traurig! Wagner ist tot!!! Als ich gestern die Nachricht las, war ich – ich kann's nicht anders sagen – erschüttert. Es kann keine Diskussion darüber geben: eine große Persönlichkeit ist verschwunden! Ein Name, der eine mächtige Spur in der Geschichte der Kunst hinterlassen wird!!«

Für eine »neue Oper« gibt es bei *Verdi* auch in diesem Jahre keine konkreten Anhaltspunkte. Sie geistert ab und zu in irgendeinem Brief herum, ohne deutliche Umrisse anzunehmen. Im übrigen ist *Verdi* nun, bei den höchst seltenen und flüchtigen Erwähnungen von dem ursprünglich bevorzugten »Jago« zum Namen »Othello« übergegangen.

In einem fast unbekannten Brief (den *Franco Abbiati* in seiner vierbändigen Verdi-Biographie erstmals veröffentlicht) antwortet der Maestro dem französischen Musikwissenschaftler *Baron Blaze de Bury* in Paris, der sich um die Übersetzungsrechte der »neuen Oper« Verdis bemüht, von der die Zeitungen berichteten. Der französisch geschriebene Brief (hier wahrscheinlich zum ersten Male deutsch publiziert) lautet: »Genua, 6. Mai 1884. Glauben Sie kein Wort von dem, was die Journalisten über ›Othello‹ sagen! An alledem ist nur Folgendes wahr: 1. daß ich noch kein einziges Stück dieser Oper geschrieben habe und auch wahrscheinlich nie schreiben werde. 2. daß selbst das Libretto nicht als völlig beendet zu bezeichnen ist und daß Boito daran noch Veränderungen vornehmen könnte im Falle . . . daß . . . Kann man in diesem Zustand der Angelegenheit an die Übersetzung einer Oper denken, die bisher weder dramatisch noch musikalisch existiert? Vorläufig danke ich Ihnen, werter Herr Blaze, für Ihr liebenswürdiges Angebot, das mir sehr schmeichelt. Auf Wüstensand kann man nichts bauen, und es ist unmöglich, irgend etwas für diesen ›Othello‹ festzulegen, der vorläufig nur in mente Dei* besteht, und in der Phantasie der Journalisten«.

Wir haben kein Recht, an der Wahrhaftigkeit von *Verdis* Aussagen zu zweifeln, selbst in einem solchen Falle nicht, in dem ihm besonders viel daran liegt, die »Welt« von der Fährte einer neuen Oper aus seiner Feder abzulenken. Er hat die Vorschau auf seine Werke, wie Zeitungen und Öffentlichkeit sie seit Jahrzehnten praktizieren, stets gehaßt. Sein Standpunkt: »Ist eine Oper gut, dann benötigt sie keine Reklame, ist sie schlecht, dann nützt ihr auch die beste Reklame nichts«, hat sich um kei-

* lateinisch: im Geiste Gottes.

nen Fingerbreit verschoben. Doch nicht mehr lange wird *Verdi* dementieren können, die Entscheidung reift heran. Kurz danach schreibt *Boito* an *Ricordi*:

»Ich muß Dir eine gute Nachricht übermitteln, aber teile sie um Himmels willen niemandem mit, sage sie niemandem in Deinem Hause, ja nicht einmal Dir selbst; ich habe Angst, eine Indiskretion zu begehen. Der Maestro schreibt, er hat schon einen guten Teil vom Anfang des ersten Akts geschrieben, und wie mir scheint, mit Begeisterung.«

Es ist noch nicht lange her, daß er versicherte, er werde nie wieder komponieren. Und er denke auf keinen Fall daran, einen »Othello« zu schreiben: »... Man hat viel zu viel davon gesprochen! Viel zu viel Zeit ist vergangen! Mein Leben zählt schon zu viele Jahre und vor allem zu viele ›Dienstjahre‹!! Das Publikum soll mir nicht sagen dürfen: basta! Alle diese Gedanken haben ein wenig Kälte über diesen Othello verbreitet und die Hand starr gemacht, die eben begonnen hatte, einige Takte niederzuschreiben ...«

Verdi hat also, irgendwann, Skizzen zu »Othello« aufs Papier geworfen. Fünf Jahre sind seit dem ersten Gedanken vergangen. Der dürfte oft beiseite geschoben worden sein, aber in seinem Gehirn weitergearbeitet haben, oft unmerklich – zu Pferde vielleicht, wenn er durch seine Felder ritt, im Kahn, wenn er seine Schwäne fütterte, die ihn zutraulich umdrängten. Seine Arbeitsweise war etwa von der *Mozarts* grundverschieden; der vermochte ein langes Werk im Kopf zu entwerfen und im Gedächtnis zu behalten, so daß er es später nur noch niederzuschreiben, gewissermaßen aus seinen Gedanken abzuschreiben brauchte. *Verdi* überließ die wahre Arbeit an seinen Kompositionen den stillen Stunden im Arbeitszimmer von Sant' Agata, wo oft seine Hände, auf den Tasten des Flügels, seiner Phantasie klingenden Ausdruck gaben, bevor sie zur Feder griffen. Es ist anzunehmen, daß mancher Gedanke zu »Othello« längst tönend vor seiner Seele stand, bevor er nun daran ging, ihn niederzulegen, ihn der Welt mitzuteilen. Mit offenkundiger Begeisterung, wie *Boito* – bald wird sich zeigen, wie richtig – beobachtete.

Ein kleines Mißverständnis zwischen ihm und *Verdi* war kurz zuvor beigelegt worden. Drei italienische Zeitungen hatten eine Nachricht in die Welt gesetzt, an der kaum etwas Wahres war.

Boito sollte bei einem Bankett geäußert haben, er habe »Othello« nicht aus eigenem Antrieb geschrieben, aber später bedauert, ihn nicht selbst vertonen zu können. *Verdi* erfährt von der Sache und wendet sich an den gemeinsamen Freund *Faccio*, der ihn sofort beruhigt und mit *Boito* sprechen will, sobald dieser von einer Reise zurückkommt. So geschieht es denn auch, und es erweist sich als völlig unnötig, *Boito* das Libretto zurückzugeben, wie *Verdi* sich erboten hatte. Der »Alte« war sogar sehr nobel gewesen: es solle ein Geschenk sein (obwohl er selbst es *Boito* abgekauft hatte). Doch *Boito* dementiert heftig den Wortlaut der Zeitungsnotiz, die ein Blatt vom andern übernommen hatte: es gebe nur einen einzigen Meister, der *Shakespeares* Drama würdig in eine Oper verwandeln könne. *Verdi* ist befriedigt, kein Schatten ist auf ihre wachsende Freundschaft gefallen. Der Schluß von *Boitos* Brief hat ihn gerührt:

» . . . Um Himmels willen, geben Sie ›Othello‹ nicht auf, verlassen Sie ihn nicht! Er ist für Sie bestimmt, Sie führen ihn aus, Sie haben ja schon begonnen, an ihm zu arbeiten, und ich war schon so froh und hoffte, ihn eines nicht fernen Tages beendet zu sehen. Sie sind gesünder als ich, stärker als ich . . . nehmen Sie die Feder wieder zur Hand und schreiben Sie mir bald wieder: ›Lieber Boito, tun Sie mir bitte den Gefallen und ändern Sie die Verse usw. usw.‹, und ich werde sie mit Freude ändern und will für Sie arbeiten, wie ich für mich selbst nicht arbeiten kann, denn Sie leben das wahre und wirkliche Leben in der Kunst, ich aber in einer Welt der Einbildung . . .«

Noch am 6. Mai 1884 scheint *Verdi* trotz allem nicht völlig entschlossen zu sein; ein Brief an den Freund *Faccio* endet so: »Also, Sie meinen, ich soll diesen ›Othello‹ wirklich fertig schreiben? Warum denn? Für wen? Mir ist er gleichgültig! Und dem Publikum noch mehr . . .« Wenige Monate später aber scheinen alle Zweifel ausgeräumt. Ein neues, sehr altes, nur lange vergessenes Schaffensfieber hat *Verdi* gepackt. Nun ist ihm »Othello« nicht mehr gleichgültig; nur gleichgültig ist ihm, ob er dem Publikum gleichgültig ist. Er stürzt sich in die Arbeit.

Er vertont die grauenvolle Tragödie *Shakespeares*, so wie *Boito* sie ihm für das Musiktheater bearbeitet hatte. Er bewundert *Boitos* Fassung mit jedem Tage mehr. Wie großartig ist der Grundgedanke bewahrt, und wie sehr ist der Text doch im Sinne von Gesang und Musik verändert worden! *Boito* hat beinahe ein neues Drama geschrieben; und doch wäre dieses ohne *Shakespeare* undenkbar. Da ist dieser Held, dieser »Mohr von Venedig«, der aus dem Morgenland kommt, aber der »Serenissima«, der hoheitsvollen Republik Venedig, unschätzbare Dienste in Kämpfen gegen die Türken geleistet hat. *William Shakespeare* hat ihn nicht erfunden, und doch ist er, wie er in seinem Drama lebt und wie *Boito* ihn in sein Musikdrama nimmt, sein Geschöpf. So sehr, daß heute – große Literaturkenner ausgenommen – niemand mehr an die vor-shakespearische Gestalt denkt, die den großen Engländer um das Jahr 1604 zu seiner (noch im gleichen Jahre auf die Bühne gebrachten und 1622 erstmalig gedruckten) Tragödie inspirierte.

Das Urbild des Dramas muß in einer Novelle des längst vergessenen Schriftstellers und Bühnenautors *Giovanni Battista Giraldi Cinzio* gesucht werden, der von 1504 bis 1573 in Ferrara lebte. In seinem Hauptwerk, der »Eccatommiti« benannten Sammlung von 113 Geschichten, erzählt er von einem Hauptmann namens *Cristoforo Moro* in Venedig, der von einem Untergebenen zur grundlosen Eifersucht gegen seine Gattin aufgehetzt wird. Solcher Geschichten mag es viele geben, aber da gibt es einige Einzelheiten, die einen Zusammenhang *Shakespeares* mit dieser Quelle mehr als nahelegen. Die Gattin, die der unseligen Raserei zum Opfer fällt, heißt »Disdemona«. Und an einer Stelle von *Giraldis* Erzählung wird auf die »schwarze Hautfarbe« des Hauptmanns Moro angespielt.

Shakespeare muß diese Quelle gekannt haben. Seine weibliche Hauptgestalt heißt bekanntlich »Desdemona«. Und aus dem Hauptmann Moro macht er bewußt einen »moro«, einen Mohren, einen Neger, Afrikaner oder dunkelhäutigen Araber – und erhebt die Rassenfrage zu einem entscheidenden Element seiner Tragödie.

Ob es diesen Offizier namens Moro einmal wirklich gegeben hat oder nicht, ist unwichtig. Unwichtig auch, ob es einen Ausbund der Schlechtigkeit wie den (von *Shakespeare* zum absoluten Scheusal gestalteten) Jago je gegeben haben mag, oder einen Engel wie Desdemona (an deren Existenzmöglichkeit sogar *Verdi* zweifelt). *Shakespeare* hat hier ein Symbol für die alles zerstörende, grausam wütende, jede Menschenwürde untergrabende, aber als Urkraft existierende Eifersucht geschaffen.

220

»Eifersüchtig wie Othello« ist zum geflügelten Wort geworden. Als der geniale Dramatiker, der er ist, motiviert er Othellos Raserei durch viele psychologische Züge, vor denen noch nach Jahrhunderten bedeutende Geister bewundernd stehen: *Victor Hugo, George Bernard Shaw, André Gide* und viele andere haben an dieser Tragödie studiert und gerätselt.

Boito hat den Mut besessen, aus *Shakespeares* Grundgedanken ein beinahe neues Stück zu entwickeln. Er hat Nebengestalten, Nebenhandlungen fortgelassen, hat die zahlreichen Schauplätze zu vier Hauptplätzen – durchwegs auf der Insel Cypern – konzentriert. Er streicht die lange Exposition des Originals, die noch in Venedig spielt; dadurch werden Desdemonas Vater, der edle Venezianer Brabantio, und ihr Bewerber Rodrigo überflüssig. Zwar wird so auch Jagos Niedertracht gegen Rodrigo gestrichen, aber niemand dürfte sagen, daß das Drama hierdurch an Spannung oder Logik einbüße. Die Reinheit der Liebe zwischen Othello und Desdemona wird in dem herrlichen Duett des ersten Akts leuchtend klar, ohne daß man die Szene, in der Othello sich gegen den ihn anklagenden Vater vor dem Senat verteidigen muß, vermißte; zudem hat *Boito* hier ein Zitat aus jener Verteidigung in den Text des Duetts hineingenommen. Er ist mit höchster künstlerischer Gewissenhaftigkeit vorgegangen. Er konzentriert Jagos abgründige Gemeinheit ganz auf die Haupthandlung: die von ihm kalt geplante und grausam durchgeführte Vernichtung Othellos. Er läßt, obwohl das Motiv der Rache für die vermeintliche Zurücksetzung bei der Beförderung eine Rolle spielt, Jago zum Urbild der Schlechtigkeit an sich werden; der Intrige um der Lust an der menschlichen Qual willen; der Zerstörungssucht aus Nihilismus, der Negierung der Menschenwürde aus Genuß an der Fäulnis. Die dritte der Hauptgestalten beläßt *Boito*, wie *Shakespeare* sie ersann: Desdemona ist ein wahrer Engel, ihre Liebe zu Othello die unbedingteste, die je auf einer Bühne gespielt wurde, ihre Reinheit überstrahlt himmelhoch den Schmutz, der sie nicht herabzuziehen, aber zu vernichten vermag. Ihr Mund erhebt, als die Mörderhand ihn verstummen macht, keine Anklage gegen den Mann, den sie einzig auf dieser Erde geliebt hat.

Boito hat, und das vor allem, Raum und Atmosphäre für *Verdis* Musik geschaffen. Für das unmenschliche »Credo« des Jago findet der nun auf der höchsten Höhe seiner Reife stehende Meister so dämonische Töne wie überirdische für Desdemonas »Lied vom Weidenbaum« und »Ave Maria«. Trotz seiner Hinwendung zum Musikdrama arbeitet *Verdi* nicht mit Leitmotiven, wie *Wagner* sie zum Bau seiner riesigen Strukturen verwendete; aber er gibt der Liebe Desdemonas und Othellos eine ergreifende Melodie, die sich durch das tragische Geschehen zieht: Sie begleitet den innigen Kuß in der zärtlichkeitserfüllten Mittelmeernacht des ersten Aktes und klingt, wie eine ferne, schmerzliche Erinnerung im vierten auf, kurz bevor Othello die ewig Geliebte erwürgt und dann zuletzt, als er seinem eigenen, nunmehr sinnlos gewordenen Leben ein Ende macht.

Die Zusammenarbeit, die nun einsetzte, gehört zu den schönsten und vertrauenvollsten, die es in der Operngeschichte gibt. *Boito* schien zu erraten, was *Verdi* benötigte. Sie besprechen alles miteinander, wenn sie im Arbeitszimmer von Sant' Agata sitzen; und wenn sie räumlich getrennt sind, legen Briefe Zeugnis von ihrem gegenseitigen Verständnis ab. In intensivem Schaffen verbringt *Verdi* das Jahr 1885. Eine Unpäßlichkeit des Jahres 1884, die ihn in die Bäder von Montecattini führte, ist überwunden, er ist so stark und gesund wie je. Doch schreibt er nicht mehr in der jagenden Hast früherer Werke, früherer Jahre. Nun findet er Muße, alles reifen zu lassen, bis es voll seinem künstlerischen Gewissen entspricht.

Das Jahr 1886, *Verdis* dreiundsiebzigstes, bringt die Vollendung des »Othello«. Vor allem im ersten Akt, dem an verschiedensten Stimmungen reichsten, ist noch vieles unvollendet. Aber das Ende rückt näher. Und *Verdi*, wie immer in solchen Augenblicken, denkt – sehr praktisch, wie er nun einmal ist – an die Aufführung: an Verlag, Theater, Besetzung. Über den Verleger gibt es natürlich keinen Zweifel, hat es seit Jahrzehnten nicht gegeben und noch weniger bei diesem Werk, an dessen Werden *Giulio,* Chef des Hauses *Ricordi,* mit allen Fasern seines Herzens Anteil genommen hat. Bei der engen Verbindung des Hauses *Ricordi* zur Mailänder Scala kann es auch über das Theater keinen Zweifel geben; die Scala, nun über hundertjährig, hat *Verdi* zwar oft mißfallen, zu Protesten gereizt. Jahrelang hat er sie boykottiert. Aber das ist lange vorbei. Sie hat den umgearbeiteten Opern der Achtzigerjahre – »Simone Boccane-

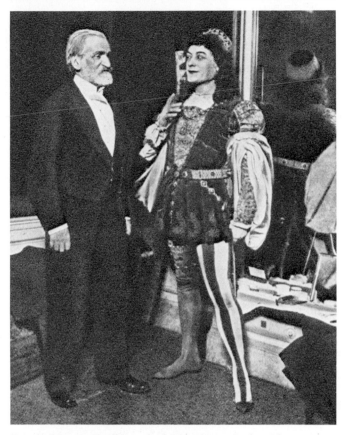

Der alte Maestro Verdi besucht den berühmten Bariton Victor Maurel in der Garderobe der »Scala« während der Pause einer »Othello«-Vorstellung.

gra« und »Don Carlos« – mit würdigen Aufführungen zum Erfolg verholfen.

Die Besetzung. Das ist eine Frage, die *Verdi* stets so intensiv beschäftigt wie wenige. Und besonders dieses Mal. Nicht nur, weil er es für das letzte hält, weil er zu wissen meint, daß er sich dieser Konfrontation ein letztes, allerletztes, kaum mehr erwar-

Der wohl berühmteste Tenor seiner Zeit, Francesco Tamagno, erster
Interpret des Othello.

tetes Mal stellte, sondern vor allem, weil Gesangspartien von
der Ausdruckskraft und Schwierigkeit – wie Othello, Jago,
Desdemona sie darstellten – selbst in seinem Lebenswerk der
großen Rollen eine Ausnahme bildeten. Am schwierigsten in
der Darstellung erschien ihm die Partie des Jago. Aber gerade
für diesen hatte er einen idealen Interpreten zur Hand: den
Franzosen *Victor Maurel*, der zu seinen ungewöhnlichen

stimmlichen Qualitäten noch eine erlesene Darstellungskunst sein eigen nannte. Er war 1848 in Marseille geboren, wurde bereits im Alter von zwanzig Jahren an die Pariser Oper engagiert und gastierte zwei Jahre später an der Mailänder Scala in der anspruchsvollen Baritonpartie der (italienisch gesungenen) Uraufführung der späteren brasilianischen Nationaloper »Il Guarany« von *Carlos Gomes*. Wahrscheinlich fiel damals *Verdis* sehr kritisches Ohr und Auge auf ihn; er machte ihn zum Amonasro der »Aida«-Premiere an New Yorks Metropolitan Opera. Von Moskau bis Kairo, von London bis Neapel ging der Triumphzug *Maurels*, dem neben *Francisco d'Andrade* und *John Forsell* ersten Bariton der Welt. Im italienischen Fach, vor allem in *Verdi*-Opern, war seine führende Position unangetastet. So verstand es sich von selbst, daß der Maestro ihn mit den Baritonrollen in den umgearbeiteten Werken der Achtzigerjahre betraute: Er sang die Titelpartie in »Simone Boccanegra« sowie den Posa in »Don Carlos«. Und daß der Jago »für ihn« geschrieben war, darüber gab es keinen Zweifel.

Auch der Tenor stand ziemlich bald fest. Es gab ihrer nicht viele im weiten Rund, denen eine so ungeheuer anspruchsvolle Rolle wie der Othello anvertraut werden konnte: eine dramatische, eine Heldenpartie von gewaltigem Stimmaufwand und gleichzeitig mit weicher Liebeskantilene. *Verdi* betraute *Francesco Tamagno* mit dieser Aufgabe, nachdem der 1850 in Turin geborene Tenor ebenfalls, wie *Maurel*, bereits als Gabriele Adorno (in »Simone Boccanegra«) und als Don Carlos die Zufriedenheit, ja die Begeisterung des Maestro bei den Erstaufführungen der Neubearbeitungen errungen hatte. *Verdi* nannte ihn sogar »einzigartig auf der ganzen Welt«. Nun sollte er den Gipfel seiner Laufbahn erklimmen: den unseligen »Mohren« in der Uraufführung des »Othello« darstellen.

Am längsten zögerte *Verdi* mit der Besetzung der weiblichen Hauptrolle. Hier gab es mehrere Sopranistinnen, die als Verkörperung der Desdemona durchaus in Frage gekommen wären. Zwar kam *Verdis* Liebling, *Teresa* (oder Teresina, wie er sie nannte) *Stolz* – sie war seine erste Leonore in der »Macht des Schicksals« gewesen und sang bei der Uraufführung das Sopransolo des »Requiems« – nicht mehr in Frage, aber unter den gefeierten Sopranistinnen gab es glanzvolle Namen wie *Gemma Bellincioni, Adelina Patti* . . . *Verdi* hat von beiden, in der Interpretation von Rollen seiner Werke, keinen überzeugenden Eindruck. In Rom singt sich gerade *Romilda Pantaleoni* an die Spitze. Der Maestro beschließt, es mit ihr zu versuchen.

Der Vertrag, den *Verdi* mit dem Verlagshaus *Ricordi* abschließt, enthält wiederum ähnliche Punkte, wie er sie anläßlich der »Aida« verlangt hatte. Sie sprechen eine deutliche Sprache von der Macht dieses Komponisten, aber auch von der absoluten Diktatur, die er in künstlerischen Fragen auszuüben gewillt und imstande war; er teilt den Freunden in Mailand seine Bedingungen in einem Schreiben mit:

»1. Der Verlag Ricordi setzt mit dem Theater die Summe fest, von der ich meinen Anteil erhalte . . . 2. Ich werde allen Proben, die ich für notwendig halte, beiwohnen, aber da ich mich dem Publikum gegenüber in keiner Weise verpflichten will, soll auf dem Plakat lediglich stehen: Othello, Dichtung von Boito, Musik von Verdi. Niemand, absolut niemand darf den Proben beiwohnen, wie gewöhnlich. Mir allein steht das Recht zu, die Proben abzubrechen und die Aufführung sogar noch nach der Generalprobe zu verbieten; dies im Falle, daß mir die Inszenierung oder Interpretation oder irgend etwas anderes nicht zusagen sollte . . . Das im ›Othello‹ beschäftigte Personal steht unmittelbar unter meiner Leitung, ebenso der Dirigent des Orchesters, der des Chores, der Regisseur usw. . . .« Das ist der Brief eines Feldherrn, der die Anordnungen für eine entscheidende Schlacht erteilt.

Boito beschäftigt sich mit den Bühnenbildern, die den Rahmen für die Inszenierung abgeben sollen. Er möchte ihnen den möglichst genauen historischen Aspekt verleihen, den sie den Quellen nach besitzen sollten: » . . . Wo liegt der Ursprung des ›Othello‹ von Shakespeare? Eine Novelle von Giraldi Cinzio in den ›Eccatommiti‹. Von welchem Datum stammen die ›Eccatommiti‹? Von der Plünderung Roms im Jahre 1527. Und wann spielt die Novelle, um die es sich handelt? Giraldi selbst sagt es: wenige Jahre vor dem allgemeinen Datum, das im Vorwort seiner Novelle steht, also in einem Zeitraum, der die folgenden Grenzwerte nicht überschreiten kann: 1520–1525. Diese Daten haben für uns geschichtliche Bedeutung, wir können keine anderen finden, so scheint mir, die wahrscheinlicher wären. Ein Zusammenstoß zwischen Venezianern und Türken ist

226

Die Sopranistin Romilda Pantaleoni war Verdis erste Desdemona in der Uraufführung des »Othello«.

in jenen Jahren äußerst leicht möglich; das Königreich Cypern (das Erbe der Caterina Cornaro) war in den Besitz der Venezianischen Republik übergegangen. Noch eine andere Beobachtung wäre am Platze. Die Novellisten wie Boccaccio, wie Sacchetti, wie Giraldi Cinzio entnehmen die Stoffe ihrer Werke entweder ihrer Phantasie oder der Geschichte oder den Chroniken oder volkstümlichen Erzählungen, die auch wieder auf der Geschichte oder den Chroniken beruhen. Giraldi nimmt also sein Thema für die Novelle des Othello entweder aus der eigenen Phantasie oder von einer wahren Begebenheit. Nehmen wir das erstere an, dann stellt Giraldis Phantasie unser Gesetz dar, denn wo zwingendere Gesetze fehlen, entscheiden die weniger wichtigen. Lassen wir dagegen die zweite Hypothese zu, um so mehr müssen wir den Daten Giraldis vertrauen, da sie ja auf der Wahrheit beruhen . . .«

Der französische Bühnenbildner *Alfred Edel* wird mit der Aufgabe betraut; er hat engste Beziehungen zu Mailand, zur Scala, wo er bereits die schönen Szenographien zum umgearbeiteten »Simone Boccanegra« gemacht hat.

Für einen Augenblick schaltet die Pariser Oper sich ein, bittet *Verdi* um die Uraufführung seines neuen Werkes. Der aber antwortet, »Othello« sei italienisch komponiert und auf ganz hervorragende italienische Verse, also käme für ihn nur eine Uraufführung in dieser Sprache in Frage.

Der 1. November 1886 ist in die Musikgeschichte eingegangen: *Verdi* schreibt an *Giulio Ricordi*: » . . . Vi scrivo per dirvi che Otello è completamente finito!! Proprio finito!!! Finalmente!!!!!!!! . . .« (Zu deutsch: »Ich schreibe Ihnen, um Ihnen zu sagen, daß ›Othello‹ vollkommen fertig ist!! Wirklich fertig!!! Endlich!!!!!!!!«) Dreizehn Ausrufungszeichen, in einem Verdischen Crescendo: 2, 3, 8. So hat er seine Begeisterung selten ausgedrückt. Man sieht ihn förmlich vor sich, wie er den Schlußstrich unter die Partitur setzt, wie er sofort seinem Verleger und seinem Mitarbeiter schreibt, mit einem fast hörbaren Seufzer der Erleichterung, mit einem Gefühl ungeheurer Befriedigung, ja eines gewissen Stolzes, der seine tiefe Berechtigung hat. Er fühlt, daß dieses Werk den Höhepunkt seiner dramatischen Opern bildet, daß seine Schöpferkraft trotz der 73 Jahre, die er zählt, nichts eingebüßt hat, ja daß seine technische Meisterschaft ihn zu Leistungen befähigt, zu denen er sich in den früheren Kampfzeiten keine Zeit gönnen konnte.

Am gleichen Tage geht ein Brief an *Boito* ab, dessen wichtigster Satz lautet: »Er ist beendet! Heil uns . . . (und auch ihm!!) . . .« Wer »er« ist, unterliegt keinem Zweifel: Othello. Die Partitur bleibt noch kurze Zeit in Sant' Agata: *Verdi* scheut sich, sie der Post anzuvertrauen. *Ricordi* wird einen Boten nach Fiorenzuola schicken, *Verdi* den Weg von der anderen Seite her unternehmen, das unersetzliche Paket wird von Hand zu Hand gegeben. Als *Verdi* nach Sant' Agata zurückkehrt, schreibt er diesen Satz nieder: »Armer Othello! Nun wird er nicht mehr zurückkehren!!!« Schreibt er ihn lächelnd oder in so tiefer Bewegung, daß

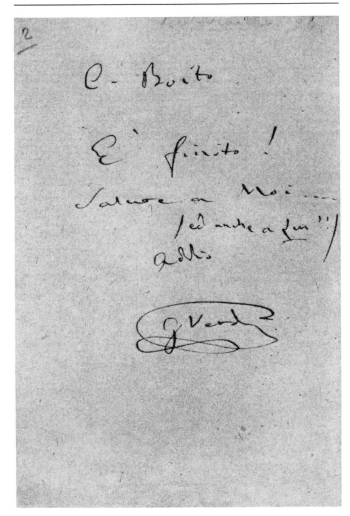

Die kurze aber ausdrucksvolle Mitteilung Verdis an seinen Textdichter
Boito, daß »Othello« beendet sei.

Freude und Schmerz untrennbar in eins verschmolzen sind? Wie oft erging es ihm so, daß seine Geschöpfe im Verlauf des Kompositionsprozesses ihm eng ans Herz wuchsen, als lebten sie, als hätten sie seine Tage und Nächte geteilt, ihr Herzblut von ihm empfangen, ihre Wünsche und Träume und Sehnsüchte! Doch vielleicht zum ersten Male spürt er ganz tief den Trennungsschmerz: Bisher gehörten sie ihm, nur ihm – Othello, Desdemona, Jago waren sein, ganz sein, doch nun zogen sie in die Welt hinaus zu unbekanntem Schicksal, zu Glück oder Unglück, und er hatte jede Macht verloren, ihren Weg zu bereiten, ihr Los zu lenken . . . Nun werden sie nicht mehr, nie mehr wiederkommen . . .

Schnell verfliegt, wie stets bei *Verdi*, der leise Anflug von Sentimentalität. Seine Briefe nehmen die frühere sachliche Klarheit wieder an. Aber manchmal fällt es schwer in jenen Tagen. Denn gerade zur Zeit, da »Othello« seine letzte, reifste Form annimmt, gehen mehrere seiner alten und ältesten Freunde von der Bühne des Lebens ab: *Gräfin Clarina (oder Clara) Maffei,* die edle Freundin ungezählter Stunden, die seinen Aufstieg mitgemacht, ja nicht selten zu ebnen verstanden hatte, stirbt, ohne den »Othello« erlebt zu haben; und am Neujahrstag 1887 stirbt der vielleicht älteste der ihm engverbundenen Freunde, der *Graf Opprandini Arrivabene.*

Verdi ist bald nach Beendigung der Partitur aus Sant' Agata abgereist, die Weihnachtszeit 1886 verbringt er, wie stets in den letzten Jahren, im Palazzo Doria zu Genua. Und kurz nach Anbruch des Jahres 1887 begibt er sich nach Mailand, wo die Proben unter Leitung des glänzenden Dirigenten und ergebenen Freundes *Franco Faccio* schon in vollem Gange sind. *Verdi* nimmt an ihnen teil, als wäre er zwanzig, dreißig, vierzig Jahre jünger. Er stürmt auf die Bühne, wenn er seinen Interpreten zeigen möchte, wie er sich dieses Drama gespielt vorstellt. Das ganze Theater läuft zusammen – versteckt hinter den Kulissen, denn man weiß, mit dem Maestro ist, besonders in solchen Augenblicken, nicht zu spaßen –, um zu erleben, wie *Verdi* dem nicht übermäßig temperamentvollen Tenor *Tamagno* immer wieder die Szene vorspielt, in der dieser Desdemona zu erwürgen hat. Und zehnmal hintereinander wirft der Vierundsiebzigjährige sich vom Sterbebett der Desdemona, wenn er den Dolchstoß gegen sein eigenes Leben zu vollziehen hat.

Mit ungeheurer Leidenschaft nimmt er daran teil, wie sein Werk Gestalt annimmt. Seit Jahren lebt er nun mit seinen Gestalten, es ist, als kenne er jede ihrer geheimsten Regungen. Und jede, wirklich jede soll dem Publikum nahegebracht werden.

Und dann kommt der große Abend. Seit Wochen wird die Mailänder Scala aus allen Ländern Europas um Eintrittskarten für den 5. Februar 1887 bestürmt. Alles, was in der künstlerischen wie in der gesellschaftlichen Welt Rang und Namen besitzt, will zugegen sein. Das weite rot-goldene Rund mit seinen 3600 Plätzen ist in wenigen Stunden ausverkauft, obwohl die Preise ungewöhnlich hoch angesetzt sind.

Augenzeugen haben uns den Abend geschildert. Um halb neun Uhr betritt *Faccio* den Orchesterraum, hebt den Stab, und der rasende Gewittersturm tost über die von flackernden Blitzen gespenstisch erleuchtete Bühne; in kaum einer anderen Oper wird das Publikum vom ersten Augenblick an so unwiderstehlich in das Geschehen gerissen wie hier. Othello, dem Seesturm und dem Angriff der türkischen Flotte entronnen, steigt ans Ufer: heroisch, siegreich schmettert *Tamagnos* machtvolle Stimme eine der glanzvollsten Melodienphrasen der Operngeschichte (»Esultate!«) ins Haus, das in Jubel ausbricht. Der Freudenchor um die überall am Ufer entzündeten Feuer, an denen das Volk tanzt, muß unter stürmischem Beifall wiederholt werden. Die damalige Operngewohnheit ließ nicht nur Unterbrechungen jedes Akts zu Beifallskundgebungen zu, sie erwartete, verlangte sie geradezu zur Bestätigung der Anteilnahme und des Erfolgs. (Nicht anders ging es in Konzerten zu, wo jeder Satz einer Sonate oder einer Sinfonie einzeln beklatscht wurde, so daß bei besonders starkem Beifall die Wiederholung jener Teile, die am besten gefallen hatten, möglich wurde.) Schon inmitten des ersten Aktes erfolgten die damals üblichen Rufe nach dem Komponisten. Doch *Verdi* zeigt sich noch nicht. Er soll, heißt es, eines jener großen Bleche ergriffen haben, mit denen hinter der Bühne das Toben des Donners klanggetreu nachgeahmt werden kann. Er liebt die Unterbrechungen nicht; ginge es nach ihm, man hätte sie – wie eine damals moderne Richtung zu propagieren schüchtern und vorläufig erfolglos begonnen hatte – verboten. Und so tritt er zum ersten Male am Ende des ersten Aktes vor den Vorhang, als soeben das ergreifende Liebesduett verklungen war, das vielleicht schönste unter den zahllosen herrlichen, die er geschrieben hatte. Das Theater erhob sich unter stürmischen Rufen und tosendem Applaus, die sich im Verlaufe des langen Abends immer noch weiter steigerten und zu einer Apotheose führten, wie sie wenigen Meistern zuteil geworden sind.

In Venedig und in Brescia wird »Othello« sehr bald nachgespielt, der Erfolg bleibt ihm treu. Er begleitet ihn rund um die Erde. *Verdi* ist längst heimgekehrt zu den Rossen und Schwänen von Sant' Agata, zu seinen geliebten Wäldern und Äckern. Die Ehrungen häufen sich in kaum mehr zu schildernder Zahl: *Verdi* lehnt sie ab, er will keine Orden, will sein Relief nicht am Dom von Mailand in Stein gehauen, will seinen Namen zu nichts anderem geben als zu seinen Werken. 25 Opern sind es nun. Basta. Alle Welt glaubt es, da er nun auf die Fünfundsiebzig geht. Glaubt er selbst es wirklich? Oder spürte er schon, daß er *Peppinas* Ahnung noch wahrmachen und der Welt eine Lustspieloper schenken wird, ein wahres Alterswunder? Und mit deren Schlußfuge sein Lebenswerk krönen: nicht mehr mit Tod und unseliger Liebe, mit glühenden Leidenschaften und Wahnsinnstaten, sondern mit der letzten, höchsten Erkenntnis, deren ein Menschenherz fähig sein kann: »Tutto nel mundo è burla . . .« (Alles auf der Welt ist ja nur Spaß, ist nur Scherz, ist lächelndes Einanderverstehen und Einanderverzeihen . . .) – »Falstaff«. Aber zu diesem fehlen, als der Vorhang am glorreichen Scala-Abend des 5. Februar 1887 fällt, noch sechs Jahre.

Inhaltsangabe
und dramatische Analyse

I. AKT

Ein gewaltiges Unwetter geht vor dem Hafen Cyperns nieder. Gewaltig – nicht etwa nur durch den technischen Aufwand von Blitzen, Donner- und Sturmmaschinen, die jedes Theater, je nach seinen szenischen Möglichkeiten, einsetzen kann, gewaltig vor allem durch die rasende Musik, mit der *Verdi* – ohne Ouvertüre – das Werk eröffnet. Ein differenzierteres Orchester, als er je verwendet und zur Tonmalerei eingesetzt hat, schildert, wie die angstvoll am Ufer harrende Menge in höchster Spannung die Heimkehr der Flotte erwartet. Im unaufhörlichen Zucken der Blitze heben sich auf dem Meere die Konturen eines mächtigen Schiffs ab, das in seiner Flagge den geflügelten Löwen Venedigs trägt. Es steuert nun dem Hafen zu, Trompeten klingen auf, ein Kanonenschuß von der Zitadelle grüßt die nahende Galeere des Feldherrn Othello. Noch ist diese nicht in Sicherheit, immer noch kämpft sie gegen Sturm und Wogen, die ihr die Einfahrt in die Bucht verweigern wollen. Zitternd erlebt die Volksmasse das beängstigende Schauspiel, sendet Gebete zum Himmel, bricht in Jubelrufe aus, als endlich die letzte Klippe umfahren zu sein scheint. Doch immer noch ist die Gefahr nicht gebannt, die Elemente sind entfesselt, und man müßte lange, sehr lange suchen, bis man in der Weltliteratur eine in musikalischer Hinsicht ebenbürtige Gewitterszene fände.

Zwei Venezianer stehen am Fuß der Zitadelle und beobachten, nahe der erregten Menge, das gewaltige Schauspiel. Als das Schiff wiederum für Augenblicke hinter einem Wellenberg zu versinken scheint, ruft der Fähnrich Jago aus, der Mast sei wohl gebrochen –, und es klingt beinahe triumphierend. Im gleichen Tonfall antwortet ihm Rodrigo. In drei kurzen Sätzen inmitten des Wettertosens wird klar, daß diese beiden Männer des Feldherrn Feinde sein müssen. Doch ihre böse Freude über seinen Untergang wird vom Jubel des Volkes übertönt: Die Galeere läuft stolz in den Hafen ein. Und im Schein der Fackeln erscheint Othello und steigt, umringt von der freudigen Menge, hinauf zu seinem Palast: »Freut euch alle!« donnert seine

Die erste Seite aus Verdis Orchesterpartitur zu »Othello«: Gewitter und Sturm im Hafen von Cypern.

mächtige Stimme über den Platz am Hafen. Der Stolz der Türken liegt im Meere begraben; das, was sie aus der Seeschlacht retten konnten, zerschmetterte der Sturm. Der Jubel des Volkes kennt keine Grenzen, übertönt Gewitter und Wind. Von ihm begleitet, schreitet Othello, gefolgt von dem Hauptmann Cassio, dem früheren Gouverneur der Insel, Montano, und Soldaten, die Stufen zum Schloß hinauf.

Unten am Hafen entwickelt sich ein Freudenfest. Das Toben des Gewitters hat nachgelassen. Lebhaftes Treiben beginnt, Holzstöße werden entzündet, Wein wird gebracht. Jago gesellt sich abermals zu Rodrigo, sucht dessen düstere Stimmung aufzuheitern: Wer wird einer Frau wegen an den Tod denken? Im übrigen: eines, sicherlich nahen, Tages werde die schöne Desdemona von den Küssen der wulstigen Negerlippen Othellos genug haben, und dann sei der Weg für Rodrigo frei, der sie seit früheren Zeiten in Venedig liebt. Diese seltsamen, Rodrigo zweifellos überraschenden Worte bedürfen einer Erklärung: Jago gibt sie: Er haßt den »Mohren«. Er zeigt auf den Grund dieses Hasses: Cassio geht vorüber, und dieser hat Jago in der Beförderung überholt, ist Hauptmann geworden, während Jago nach Hunderten von gefährlichen Schlachten immer noch Fähnrich blieb. Aber Othello irre sich, wenn er ihn für treu ergeben halte: Jeden anderen sollte er eher an seine Seite ziehen als ihn, der zu allem bereit ist, um sich zu rächen. Die Triebkraft des Dramas ist angedeutet: Haß, der aus Rachsucht geboren ist, unvorstellbare Schlechtigkeit, die um der Freude am Bösen willen vor nichts zurückschreckt.

Rings um das Feuer singt und tanzt das Volk. Funken scheinen aus dem glühenden, glitzernden Orchester zu schlagen, aus den flackernden Chorstimmen, die ihre Lebensfreude in die sich langsam beruhigende südliche Nacht hinaussingen. Jago tritt zu Cassio, der im Kreise hochgestellter Venezianer das frohe Treiben beobachtet. Er fordert ihn zum Trinken auf, mit geheuchelt freundschaftlicher Miene –, weiß er ja gut genug, wie wenig Alkohol der junge, sympathische Hauptmann vertragen kann. Cassio will ablehnen, aber Jago erhebt sein Glas auf das Wohl Othellos und Desdemonas: Da kann und will keiner zurückbleiben. Während die umherstehende Menge das verehrte Paar hochleben läßt, findet Cassio bewundernde Worte für seines Anführers schöne Gattin; leise stößt Jago Rodrigo an: »Hörst du?«, als wolle er den verliebten Edelmann auf den Gedanken bringen, sein wahrer Rivale in der Gunst Desdemonas sei vielleicht gar nicht »der Mohr«, sondern dieser nette, an sich unbedeutende Hauptmann. Jagos Spiel hat begonnen und wird nicht enden, bevor der Tod reiche und gewaltsame Ernte gefeiert hat. Noch weiß der düstere Fähnrich selbst nicht, wen und auf welche Art er verderben will, es ist ihm auch gleichgül-

tig; denn längst hat seine Rachsucht sich mit seiner abgrundtie-
fen Bösartigkeit verbunden, mit seiner Freude am grausamen
Spiel. Wie leicht ist es doch, Menschen ins Verderben zu
stürzen! Ja, sie stürzen sich selbst, wenn man sie nur in die Nähe
eines Abgrunds führt . . .

Cassio lädt Jago – ausgerechnet ihn! – ein, Desdemonas Lob-
lieb zu singen. Bescheiden lehnt dieser ab: nein, seine Stärke lä-
ge nicht im Loben, er sei wohl zum Kritiker geboren. Aber gefeiert solle Desdemona werden: Wein her, mehr Wein! Und
mit frisch gefülltem Becher tritt Jago scheinheilig zu Cassio. Es
gelingt ihm, den schon leicht Angetrunkenen mit einem
schwungvollen Liede auf Lebensgenuß und Trinkfreuden immer willenloser zu machen. Begeistert fällt die Menge in den
Refrain ein, die Stimmung gleitet ins Orgiastische, Cassio ist
nicht mehr Herr seiner Sinne, doch versucht er Haltung anzunehmen, als Montano ihn zum vorschriftsmäßigen Dienst ruft.
Es gelingt ihm nicht, höhnisches Lachen Rodrigos verschärft
den peinlichen Augenblick. Wieder ist es Jago, der gleichsam
entschuldigend und in der Maske des Biedermanns Montano
zuflüstert, die Trunkenheit Cassios sei ein tägliches Schauspiel.
Im Nu scheint ein Zweikampf zwischen Cassio und Rodrigo
unvermeidbar geworden, schlichtend will Montano dazwi-
schentreten, wird aber selbst von Cassio angegriffen. Das ist Jagos Augenblick: Während er tut, als wolle er beschwichtigen
und die Kämpfenden trennen, fordert er Rodrigo auf, in die
Stadt zu laufen, mit Schreien den Eindruck eines Aufruhrs und
Tumults zu erwecken und die Sturmglocke läuten zu lassen.
Wild schlägt Cassio – da er den, der eigentlich seine Wut erregt
hat, nicht mehr findet – auf den älteren Montano ein: dieser
blutet schon aus einer Wunde. Die Panik wächst, von Jago geschickt geschürt. Da, eine Donnerstimme: »Nieder mit den
Schwertern!« Othello steht da, hoheitsvoll, gewaltig. Die
Kämpfenden lassen ab, das Volk tritt unwillkürlich ein wenig
zurück, es wird sehr still auf dem Platz. Othellos Zorn weicht
der Traurigkeit: Wie können zwei seiner Offiziere sich so weit
vergessen? Er wendet sich an Jago, der mit bekümmerter Miene
dasteht: in seiner bewährten Ehrlichkeit und Liebe möge er
Auskunft geben. Jago, als bedauere er das Vorgefallene zutiefst, schiebt alles auf ein unergründliches Schicksal, auf ein
feindliches Sternbild. Othello wendet sich an Cassio, der nicht

Claire Watson (Desdemona) und Fritz Uhl (Othello) in der Aufführung der Bayerischen Staatsoper, November 1965.

sprechen kann; an Montano, der verwundet ist. Ein furchtbares Strafgericht Othellos scheint bevorzustehen. Da erblickt er Desdemona, die, aufgeschreckt vom Lärm, aus dem Palast an ihres Gatten Seite eilt. Dieser erteilt noch einige Anweisungen, läßt Montano zur Pflege bringen und degradiert Cassio. Jago hebt mit innerlichem Triumph den Säbel auf, der diesem entfällt.

Es wird still auf dem Patz, ferne Stimmen aus der Stadt verklingen, die Erregung läßt nach, weicht einer sanften, zauberhaften Nachtstimmung, in der die Sterne über dem Meer immer leuchtender hervortreten. Zu einem langen, unendlich zarten Orchesterzwischenspiel, hat Othello Desdemona in seine Arme genommen. Sein Zorn ist verflogen, seine Trauer weicht dem Gefühl der unendlichen Liebe, das sie eint. Eines der herrlichsten Liebesduette der Opernliteratur beschließt in weitem, wie träumerisch ausgebreitetem Bogen voll Wohlklang und Innigkeit den ersten Akt.

II. AKT

Der zweite Akt führt uns in den Palast, in die Wohn- und Amtsräume des Gouverneurs Othello. Jago ist anwesend; er spricht mit dem bedrückten Cassio, dem er Hoffnung auf baldige Wiedereinsetzung in seinen Hauptmannsrang macht: wisse er denn nicht, daß Desdemona starken Einfluß auf Othello übe? Nun, so sei es am einfachsten, er wende sich mit der Bitte um Hilfe an sie; sie gehe jeden Morgen ein wenig im Garten spazieren, nichts leichteres gäbe es, als sie dort anzusprechen. Und Cassio geht. Jago blickt ihm nach: Hier hat *Boito* ihm ein (bei *Shakespeare* nicht vorhandenes) Meisterstück in den Mund gelegt, das teuflischste Bekenntnis zum Bösen, zum Nihilismus, zur absoluten Unmoral, das es auf dem Theater geben dürfte. Man hat es »Jagos Credo« genannt, in Anlehnung an das christliche Glaubensbekenntnis, nach dem es, ins Negative gewendet, geformt ist. Es ist ein Anti-Credo, so wie der Gott, den es anruft, ein Gott des Verbrechens, des Schmutzes, der Verstellung, der Lüge, des Betrugs ist – kein Gott also, sondern ein Teufel. Hier gewinnt Jago eine dämonische Statur, die jene eines gewöhnlichen Intriganten weit überragt; hier liegt unleugbare Größe, wenn es auch eine grauenhafte Größe ist, hier erhebt der Librettist Jago fast in den Rang Mephistos, den er einige Jahre vorher so großartig im Vorspiel seiner eigenen Oper »Mefistofele« Gott gegenübergestellt hatte. Was dort sich auf höchster Ebene abspielte, wird hier ins Irdische gezogen und dadurch noch unvergleichlich niedriger, gemeiner, entsetzlicher. Jagos Vision des Lebens endet mit einem Tode, dem nichts mehr folgt – keine Auferstehung, kein Himmel, keine Wiedergeburt: das absolute Nichts. In dröhnendem Hohngelächter verkündet er diese, seine letzte Erkenntnis.

Im angrenzenden Garten ist Desdemona aufgetaucht, die, von Jagos Gattin Emilia begleitet, einen Spaziergang macht. Jago

macht Cassio, der in der Nähe wartete, darauf aufmerksam.
Unbefangen tritt Cassio auf Desdemona zu, man hört ihr Gespräch nicht. Jago hat nur einen Wunsch: jetzt möge Othello
kommen. Der Wunsch geht in Erfüllung. Jago tut, als habe er
sein Kommen nicht bemerkt und blickt angespannt in den Garten, wobei er Worte des Mißfallens oder Argwohns äußert. Er
tut erschrocken, als Othello ihn nach deren Grund befragt,
weicht aus, als Othello fragt, ob das Cassio gewesen, der eben
sich von Desdemona verabschiedete. Und dann, unterwürfig
wie immer, richtet er die scheinbar harmlose Frage an Othello,
ob Desdemona Cassio gekannt habe, bevor er selbst sie zu seiner Gattin machte. Othello wird aufmerksam, erinnert sich,
Cassio des öfteren zum Boten seiner Liebe gemacht zu haben.
Jago tut erschrocken, so, als werde ihm nun irgendetwas klar.
Othello dringt in ihn: halte er Cassio für unehrlich? Was ver-
berge er? Jago spielt den Bestürzten, bringt Othello in Wut, als
er, statt zu antworten, verlegen dessen Fragen wiederholt. Nun
hat Jago den Mohren dort, wo er ihn haben wollte: Othello
fordert immer gebieterischer, daß sein Fähnrich – der so ge-
treue, ihm so zugetane – endlich alles ausspräche, was er wisse
oder vermute. Doch Jago wühlt Othello noch weiter auf; er
warnt ihn vor der gräßlichen Schlange Eifersucht und ihrem
Gift. Othello sucht seiner Verwirrung Herr zu werden: ein Argwohn genüge ihm nicht, er prüfe, wolle Beweise. Wenn es die
allerdings gäbe, dann bedeuteten sie das Ende seiner Liebe. Jago scheint zu erschrecken: niemals habe er so weit gehen wollen, doch erlaube er sich, seinem Feldherrn Wachsamkeit anzu-
raten. Jedes seiner scheinheiligen Worte reißt die Wunde
Othellos weiter auf. Hier wieder ein feiner Zug *Boitos:* Während Jago Othellos Verdacht zum ersten Male geweckt hat, einen Schatten auf diese reinste Liebe werfen konnte, empfängt
Desdemona, freundlich und lieblich lächelnd, die Huldigung
von Frauen und Kindern der Insel, deren Blumengaben sie mit
echter Liebenswürdigkeit dankbar entgegennimmt.Vor wenigen Augenblicken noch hätte Othello der liebenswürdigen
Szene beglückt zugesehen, doch nun ist es, als sei auf einmal die
Welt verändert. Er erblickt die Geliebte mit anderen Augen,
mit dem unabweisbaren Gedanken, ihre Unschuld könne Verstellung sein, falsches Spiel, dem er lange genug – zu lange –
geglaubt habe.

»Othello«, II. Akt, Bayer. Staatsoper, München, 1965.
(Bühnenbild: Helmut Jürgens).

Immer noch unter dem heiteren Eindruck der volkstümlichen Huldigung und Zuneigung betritt nun Desdemona den Raum und geht, wie sie es gewöhnt ist, liebevoll auf ihren Gatten zu und bittet ihn um Gnade für Cassio, dessen echter Schmerz ihr Herz bewegt habe. Sie kann nicht ahnen, daß ihre harmlosen Worte auf Othello eine furchtbare Wirkung haben könnten; und so versteht sie sein hartes: »Nicht jetzt!« falsch oder gar nicht, bittet noch einmal um Verzeihung für Cassios Vergehen. Othellos wiederholtes »Nicht jetzt!« klingt nun sehr hart, sehr abweisend, böse. Desdemona erschrickt, nie hat er so zu ihr gesprochen. Liebevoll will sie seine düsteren Gedanken vertreiben, die sie nicht kennt, will ihm mit ihrem Taschentuch die fiebernde Stirne trocknen – gerade mit diesem Taschentuch, das einst seiner Liebe erstes Geschenk an sie war. Er entreißt es ihr, wirft es zu Boden, wo Emilia es aufhebt. Desdemona bemerkt es nicht, denn sie trachtet nur, mit aller Zärtlichkeit Othellos Schmerz oder Wut zu lindern. Doch – entsetzliche Folge von Jagos Gift – auch ihre liebevollsten Worte klingen nun unecht in Othellos Ohr und Seele.

Während dieser schmerzlichen Szene, in der die völlig schuldlose Desdemona vergeblich gegen den Dämon in Othellos Hirn kämpft – den Dämon der blinden Eifersucht, den Jago meisterlich beschworen –, entwindet im Hintergrund Jago seiner Gattin das Taschentuch Desdemonas, das diese aufbewahrte, um es ihrer Herrin zurückzugeben. Fassungslos geht Desdemona schließlich ab, von Emilia gefolgt, kein Wort ihrer Liebe konnte durch Othellos finstere Abwehr dringen. Ermattet sinkt Othello auf einen Stuhl nieder, von furchtbaren seelischen Qualen gepeinigt. Von ferne beobachtet Jago ihn höhnisch, spielt mit dem Taschentuch, mit dem er den »Beweis« von Desdemonas Untreue zu erbringen hofft. Nun hat er seinen »Herrn«, den jetzt so armseligen »Gebieter« in hemmungslose Verzweiflung gestürzt. Leise geht er auf den Zusammengebrochenen zu und flüstert: »Denkt nicht mehr daran!« Wild fährt Othello auf, überhäuft Jago mit Vorwürfen, die aber bald in Selbstanklagen übergehen: Konnte er wirklich so blind sein und von Desdemonas Betrug nichts merken, ja nie etwas ahnen? Auf ihren herrlichen Lippen nie die Küsse Cassios entdecken? Hier haben nüchterne Betrachter des öfteren Kritik zu üben gesucht, Othellos Wahnvorstellungen für übertrieben erklärt,

Aufführung in der Bayerischen Staatsoper 1965: Liliane Benningson
(Emilia), Claire Watson (Desdemona) und Fritz Uhl (Othello).

sein Rasen um eines bloßen Verdachts willen – zu dem im Grunde genommen noch kein echter Anlaß vorliegt – unverständlich genannt. Doch *Shakespeare* (ja vielleicht schon *Giraldi Cinzio*, aus dessen Novelle er den Stoff sehr genau übernahm) war ein großartiger Psychologe: Vielleicht könnte Othellos wilde Reaktion unbegründet scheinen, unvereinbar mit seinem edlen, tapferen, offenen Charakter, wenn er von weißer Hautfarbe wäre wie Cassio, Venezianer wie dieser, Abendländer aus stolzer Tradition. Aber Othello ist Neger. Trotz seiner Siege, trotz seiner ehrenvollen Betrauung mit höchstem Kommando durch den Senat der Republik Venedig konnten seine Minderwertigkeitsgefühle nie ganz verstummen; der Stolz, die wunderschöne blonde Patriziertochter Desdemona als Gattin heimgeführt zu haben, weicht so überraschend schnell, blitzartig plötzlich dem lähmenden Gefühl, einem Rivalen aus Desdemonas ureigenem Umkreis doch von vornherein unterlegen zu sein. Eifersucht ist »Angst vor dem Vergleich« *(Max Frisch)*. Gehört er nicht doch einer minderwertigen Rasse an, die sich mit dem blendenden Abendland und seiner Kultur nicht vergleichen kann? Und so hält Othello Dinge von vornherein für möglich, ja für wahrscheinlich, an die ein weißer Liebhaber noch lange nicht glauben würde. Er hält einen Kampf um die Geliebte für verloren, bevor er noch begann, nur weil er ein Neger ist.

In schmerzlichster Verzweiflung nimmt Othello Abschied von seinem bisherigen Leben: von Kampf und Sieg, von den glorreichen Schlachten, die er geschlagen, vom Ruhm – für immer. Es ist ein langer, erschütternder Monolog, in den Jagos Ermahnung zur Ruhe einen Einschnitt legt. Nun wendet Othello sich wieder ihm zu: einen Beweis muß er ihm schaffen! Einen Beweis! Er packt ihn an der Gurgel, schleudert ihn zu Boden. Jago spielt den Betroffenen, Gekränkten, kündigt seinen Abschied an, tut, als ob er ginge. In Höllenqualen windet Othello sich: Ist Desdemona treu, untreu? Ist Jago ehrlich, ein Verleumder? Jago tut erschrocken, während sein ganzes Inneres hohnlachend triumphiert: So leicht, so spielend ist Venedigs großer Held zu besiegen? Fast hat er selbst es sich schwerer vorgestellt. Und nun, da er sich in Schwung fühlt, flüstert er seinem Opfer eine Geschichte ins Ohr, die er sich im Augenblick ausgedacht hat: Er erzählt ihm einen Traum Cassios, den er im gemeinsamen

Schlafraum miterlebt zu haben behauptet. Cassio habe von Desdemona geträumt, sie geherzt und geküßt, sie zur Verschwiegenheit gemahnt, zuletzt seufzend beweint, daß er sie an den Mohren verloren habe ... Othello ist vernichtet. Da geht Jago noch weiter: Erinnert Othello sich an ein feines Tüchlein, mit Blumen bestickt, das Desdemona gehörte? Othello erinnert sich nur zu gut, war es doch sein erstes Geschenk an sie. Dieses Tuch, setzt Jago fort, habe er unlängst in Cassios Händen gesehen. Othello kniet nieder zum Schwur: nicht mehr zu ruhen, bis die Rache vollzogen sei, an ihr, der Untreuen, an ihm. Jago kniet neben ihm, ruft Sonne, Erde, Universum zu Zeugen an, daß er Wahrheit spräche und seinem Herrn in der Rache zur Seite stehen wolle ... Es ist ein grandioser Aktschluß, das Duett dieser beiden Männer, erschütternd – weil die Welt nicht über Jago zusammenstürzt.

III. AKT

Im Festsaal des Palastes spielt der dritte Akt. Othello empfängt die Nachricht, daß eine mit den Insignien des Senats geschmückte venezianische Galeere sich dem Hafen von Cypern nähere; zweifellos bringt sie hohen Besuch. Doch Othellos Gedanken weilen in anderen, viel niedereren Gefilden: Er bespricht mit Jago dessen teuflischen Plan. Hier werde dieser Cassio in ein Gespräch verwickeln, dem Othello aus gewisser Entfernung folgen solle. Man sieht Desdemona nahen, – eine letzte Ermahnung Jagos: Jetzt heißt es heucheln. Heuchelt Othello nun, als er seine Gattin, die ihm liebevoll wie immer entgegentritt, freundlich begrüßt? Furchtbar muß der Zwiespalt in ihm sein. Kann in dieser unschuldsvollen Miene, in dieser makellosen Schönheit der Teufel der Lüge nisten? Ist nicht vielleicht alles, was er leidet, nur Ausgeburt eines unhaltbaren Verdachts? Wäre Desdemona doch nur noch der Engel, den er angebetet! Da hört er, inmitten ihrer zärtlichen Worte, den Wunsch, noch einmal von Cassio zu sprechen. Der zarte Hoffnungsbau stürzt ein, plötzlicher, wilder Schmerz überfällt Othello. Desdemona reicht ihm ein Taschentuch, doch Othello weist es zurück: Es ist nicht jenes, das er in ihren Händen sehen will. Ahnungslos versichert Desdemona, es später suchen zu wollen, doch Othello beruhigt sich nicht mehr. Noch glaubt

Der dritte Akt der Oper »Othello« in einer älteren Aufführung
der Mailänder »Scala«.

Desdemona an einen Scherz, als er ihr mit dem Zauber droht, der in das Tüchlein gewirkt sei und der losbräche, wenn sie es verlöre. Nur abzulenken suche er, meint sie, vom Gespräch über Cassio. Doch Othello wird immer drohender: »Il fazzoletto!« schreit er immer wütender: Das Taschentuch soll her, sein Taschentuch, das Zeichen ihrer Liebe. In Othello nimmt nun der Gedanke feste Formen an, daß Jago es wirklich in Cassios Händen gesehen haben kann. Wie die Wahrheit ergründen? Er beschuldigt Desdemona; doch in vollster Unschuld entgegnet sie ihm, versteht nicht, daß er an ihrer Treue zweifelt, zweifeln kann. Als sie es aus seinem Toben entnimmt, daß er ihr nicht mehr glaube, bricht sie zusammen, versichert fast tonlos die Wahrheit, rafft sich nochmals zu glühender Beteuerung ihrer Liebe auf, weint die ersten Tränen, die sie an Othellos Seite je geweint. Noch einmal zweifelt Othello: Kann so viel Reinheit, so tiefe Liebe Verstellung sein? Auch in seine Augen treten Tränen; Desdemona sieht sie und leidet nun doppelt, denn ohne jedes Verschulden trägt sie offenkundig die Schuld an seinem Schmerz. Othello kann sich nicht mehr zurückhalten: Er schleudert die schlimmsten Anklagen in Desdemonas tränenüberströmtes Gesicht. Vernichtet verläßt Desdemona den Saal, vernichtet sinkt Othello in sich zusammen. Jago reißt ihn aus seinen wirrsten Gedanken; Cassio kommt, Othello möge sich verstecken und lauschen.

Nun spielt Jago die letzte große Szene seines dämonischen Spiels. Er hält Cassio in solcher Entfernung von Othello, daß nur Bruchstücke ihres Gesprächs an dessen Ohr dringen können. Er vernimmt den Namen Desdemona, den Cassio völlig arglos ausspricht. Dann hört er diesen vergnügt, ja verliebt lachen und weiß nicht, daß Jago ihn ermunterte, von seiner kleinen Geliebten Bianca zu erzählen. Und zuletzt weiß Jago es einzurichten, daß Cassio das Taschentuch hervorzieht, das er, ohne zu ahnen, woher es komme, in seiner Behausung gefunden hat. Es ist Desdemonas Tüchlein, das Jago dorthin gelegt hat. Othello erkennt es, und es ist das endgültige Todesurteil: für Cassio, für Desdemona, für ihn selbst.

Irgendwo in der Ferne schmettern Trompeten, aus größerer Nähe, wohl vom Turm des Schlosses selbst, ertönt Anwort. Eine Kanonensalve grüßt. Schnell verabschiedet Jago Cassio und tritt zu Othello. Die Hochrufe des Volkes, das wohl im tiefergelegenen Hafen die Gäste begrüßt, kontrastieren mit Othellos einzigem Gedanken: Wie bringe ich Desdemona um? Jago verwirft seinen Plan, es mit Gift zu tun; erwürgen solle er sie, im Bett, an der Stätte ihrer Sünden. Für Cassio werde er selbst sorgen, verspricht Jago. Und wird zum Dank für so viel Treue und Aufopferung zum Hauptmann ernannt.

Die breiten Flügeltore des Saals öffnen sich, in feierlichem Zuge naht der Gesandte Venedigs, Lodovico, geleitet von Jago und weiteren Offizieren und Würdenträgern. Aus einer anderen Tür tritt Desdemona, festlich gekleidet und doch unverkennbar traurig, mit Emilia und ihren Ehrendamen. Lodovico tritt vor Othello hin, der sich zu seinem Thronsessel begeben hat, aber sichtlich keine Ruhe findet. Othello küßt das Siegel Venedigs und entrollt die Botschaft, die der Gesandte ihm überbringt. Während er lange darin liest, begrüßt Lodovico Desdemona, dann Jago und fragt nach dem abwesenden Cassio. Othello zürne ihm, antwortet Jago, doch Desdemona nimmt das fatale Stichwort noch einmal, so ahnungslos wie bei den früheren Gelegenheiten, auf: »Ich glaube, er wird ihm bald verzeihen . . .« Othellos Gedanken kreisen um Desdemona, auch während er sich anstrengt, die Nachricht Venedigs zu lesen. Desdemona bekräftigt ihre Hoffnung, Othello werde Cassios Strafe bald zurücknehmen. Da kann Othello sich nicht mehr beherrschen, er springt auf Desdemona zu und weist sie schreiend zum Schweigen. Lodovico tritt entsetzt dazwischen. Othello gebietet, Cassio zu rufen. Jago erschrickt, aber Othello weist ihn leise an, Desdemona zu beobachten bei Cassios Eintritt. Lodovico hat Jago beiseite genommen, befragt ihn über das Vorgefallene: War das der stolze und kühne Kriegsheld? Jago zuckt die Achseln, verächtlich sagt er: Er ist eben nur, was er ist, man spricht besser nicht darüber. Cassio ist eingetreten. Othello zwingt sich zur Ruhe und verkündet die Botschaft des Senats: Er selbst wird aus Cypern abberufen nach Venedig, sein Nachfolger auf der Insel wird . . . Cassio. Ihn belauern die Blicke Othellos, während er sich einfach, soldatisch und bescheiden verneigt. Nicht einmal Freude hat er gezeigt, raunt Othello Jago zu und schließt daraus, daß die Genugtuung dieser Rangerhöhung mehr als wettgemacht werde durch den Schmerz über die Trennung von Desdemona. Und dann trifft Othello die weiteren Verfügungen, die er nochmals unterbricht, um in wahnsinniger Wut zu Desdemona zu sprechen. Zuletzt stürzt er sich auf sie und schleudert sie zu Boden. Tiefe Betretenheit herrscht im weiten Saale der Wappen und Fahnen. Gelegenheit dafür, daß jeder Einzelne der Anwesenden seine Gedanken aussprechen kann, und *Verdi* sie zu einem riesigen Ensemble zusammenfaßt. Alle verlassen in tiefer Niedergeschlagenheit den Saal, das allgemeine Mitleid wendet sich Desdemona zu, die noch einmal auf Othello zueilt, um ihn zu umarmen. Othello weist sie mit einem schrecklichen Ausdruck zurück und verflucht sie. Nur Jago bleibt an seiner Seite. Er hört den Wahnsinnsausbruch des Mohren, in dessen Geist sich alle Zeichen der letzten Stunde und Tage verwirren, bis er in eine tiefe Ohnmacht stürzt. Jago betrachtet ihn voller Hohn, während rund um das Kastell immer noch Hochrufe auf Othello, den Helden von Cypern, aufklingen. Zuletzt setzt Jago mit einer unaussprechlichen Geste seinen Fuß auf den gestürzten »Löwen«: Soll er dessen Kopf unter seinem Fuß zermalmen? Es ist nicht mehr notwendig.

IV. AKT

Stille der Nacht umfängt das Schlafgemach, in das uns der letzte, vierte Akt führt. Emilia ist bei Desdemona, löst ihr das Haar und richtet sie für die Nacht her. Unendliche Traurigkeit liegt über der Szene. Ist Othello krank, woran leidet er so entsetzlich? Das sind die Gedanken, die Desdemonas Engelsherz bewegen. Sie wartet auf ihn, noch immer voller Liebe, ja vielleicht mehr noch als je; denn nun brauchte er sie und ihre Liebe, mehr als je. Er hatte sie zu Bett geschickt, sie angewiesen, ihn zu erwarten. Sie bittet Emilia, das weiße Hochzeitskleid bereitzulegen. Und in ihm wünscht sie, so ihre Bitte an die Vertraute, einst beerdigt zu werden. Gedankenvoll sitzt sie vor dem Spiegel, erinnert sich aus fernen Jugendtagen einer Magd im Hause ihrer Eltern: Die sang ein trauriges Lied von einem verlassenen Mädchen... und der Refrain war immer »salce, salce, salce«, Weide, Weide, Weide... Der Wind hat begonnen, um das Haus zu wehen, der leise Nachtwind, er klingt wie fernes Jammern, wie Weinen, wie geheimnisvolle Schritte. Emilia hat ihre Arbeit beendet, will gehen. Doch ehe sie noch die Türe erreicht, schreit Desdemona auf, wirft sich schluch-

Othello erwürgt Desdemona: die berühmte Szene in einer Aufführung der Salzburger Festspiele (J. Vickers und Mirella Freni; Dirigent und Regie: Herbert von Karajan).

zend an ihre Brust. Dann bleibt sie allein. Sie kniet auf ihrer Gebetbank und schickt ein inniges »Ave Maria« zum Himmel. Mit den letzten Akkorden geht sie zu Bett. Durch eine Tapetentür tritt Othello in das fast finstere Gemach. Er geht zu der Schlafenden, betrachtet sie lange, küßt sie. Sie erwacht. Ob sie ihr Nachtgebet gesprochen, fragt Othello; denn nicht in ihren Sünden wolle er sie töten. Töten? Ihr Leben sei nur Liebe gewesen. Darum müsse sie jetzt sterben: denn sie habe Cassio geliebt. »Niemals!« schreit sie verzweifelt auf. Will Cassio zum Zeugen machen: der sei tot, erwidert Othello. Und erdrosselt sie inmitten ihrer Unschuldsbeteuerungen, ihres Flehens um eine einzige Stunde Lebens, in der alles sich aufklären müßte.
Von außen wird heftig gegen die Türe geschlagen. Emilia bringt die Nachricht, Cassio habe den ihn überfallenden Rodrigo getötet. Desdemonas Röcheln und letztes Flüstern dringt in den Raum, Emilia entdeckt das Verbrechen. Desdemona be-

zichtigt sich des Selbstmords und haucht ihre Seele aus. Doch Othello bekennt sofort die Wahrheit, seine Tat: War sie nicht Cassios Geliebte? Wütend widerspricht Emilia, schreit um Hilfe. Cassio, Jago, Lodovico eilen herbei, ein wenig später Montano an der Spitze von Bewaffneten. Emilia stellt ihren Gatten zur Rede: habe er wirklich Desdemona für untreu gehalten? Er habe es geglaubt, lügt Jago ein letztes Mal. Umsonst sucht er zu verhindern, daß Emilia die Wahrheit über das Taschentuch aussagt. Sein Spiel ist ausgespielt. Nun klagt ihn auch noch Montano an, der vom sterbenden Rodrigo über die Ränke aufgeklärt wurde, die Jago diesem gegenüber in Szene gesetzt hatte (und über die in *Shakespeares* Drama mehr steht als in der Oper). Jago rettet sich durch überstürzte Flucht. Othello nimmt sein Schwert vom Tisch, betrachtet es lange, weiß, daß er es nie mehr führen wird. Es entgleitet seinen Händen, als Lodovico es ihm ernst abfordert. Nun gibt es nur noch einen einzigen Weg für ihn. Mit letzter Kraft schleppt er sich zu Desdemonas Lager: Er sieht sie bleich, leblos, aber rein und schön, wie er sie immer gekannt. Der Dolch macht seinem sinnlos gewordenen Leben ein Ende. Im Sterben küßt er die einzig Geliebte, die nie eines anderen Mannes Kuß empfangen hatte.

»Othello« in Stichworten

1. »Othello ist *Verdis* 25. Oper (von insgesamt 26). Ihr war »Aida« unmittelbar vorausgegangen (Kairo, 24. Dezember 1871)*, die der Komponist aber nicht bei der Uraufführung, sondern erst bei der europäischen Erstaufführung (Mailand, 8. Februar 1872) gehört hatte. Die ganze Welt hielt mit dieser überaus erfolgreichen Oper sein Werk für beendet: vor allem wohl aber er selbst. Er lebte auf seinem prächtigen Landsitz von Sant' Agata in der lombardischen Tiefebene, fühlte sich inmitten seiner Felder und Wälder, bei seinen Tieren und den eng vertrauten Menschen wohler, als er sich je in der Welt der großen Theater gefühlt hatte. Nur als sein geliebter und verehrter Freund, der große italienische Dichter *Alessandro Manzoni* starb, schuf er ein »Requiem«, das sich vom Tage seines ersten Erklingens an (Mailand, 22. Mai 1874) schnell und triumphal über die ganze Welt verbreitete. Er mußte Sant' Agata mehrmals verlassen, um es in europäischen Großstädten (Paris, Wien, London, Köln usw.) persönlich zu dirigieren. Aber, auf neue Opern angesprochen, zuckte er zumeist nur die Achseln, verneinte energisch oder entgegnete mit der ernstgemeinten Frage, ob denn 24 Bühnenwerke nicht vollauf genügten? Immerhin findet er sich aber, vor allem auf Drängen seines Verlegers und Freundes *Giulio Ricordi* bereit, gemeinsam mit dem viel jüngeren Dichter-Musiker *Arrigo Boito* ältere Werke zu revidieren und in Neufassungen auf die Bühne zu bringen: »Simone Boccanegra« im Jahre 1881, drei Jahre später den oftmals und immer wieder bearbeiteten »Don Carlos«.

2. Ein erstes Zusammentreffen mit *Boito* war bereits Jahre vorher anläßlich einer nicht sonderlich bedeutenden »Hymne der Nationen« erfolgt, zu der *Boito* den Text und *Verdi* (auf Drängen seines Landes) die Musik beigesteuert hatte. Nun, als *Verdi* sich anscheinend endgültig von der Opernkomposition zurückgezogen hatte, meinte *Ricordi*,

---

* Siehe Band SP 8019 »Aida« dieser Reihe.

William Shakespeare, auf dessen gleichnamigem Dramentext Verdis
»Othello« beruht.

den »großen Alten« – *Verdi* hatte die Sechzig überschrit-
ten und damit das Recht auf diesen, in Italien als Ehrenna-
me geltenden Titel verdient – mit Hilfe des faszinierenden,
überaus gebildeten *Boito* zu neuen Schöpfungen anregen
zu können. Der Maestro traf sich mit *Boito* vor allem in einer grenzenlosen Verehrung *Shakespeares*. Ihn würdig zu
vertonen war stets *Verdis* glühender Wunsch gewesen.
Zweimal war er ihm in dieser Absicht genaht: 1847 hatte er
»Macbeth« komponiert (und 1865 umgearbeitet), ohne
die volle Zustimmung des Publikums erringen zu können –
erst viel später erkannte dessen sachverständiger und tiefer
empfindender Teil die wundervolle Meisterschaft dieses
Frühwerks –, und in den Fünfzigerjahren scheint er seinen

Der von Verdi überaus verehrte italienische Dichter Alessandro Manzoni, zu dessen Andenken Verdi sein »Requiem« komponierte.

»König Lear« begonnen zu haben, um den sich eine der bei *Verdi* seltenen Legenden rankt. Er soll ihn – oder die einzelnen bereits vertonten Bruchstücke – ins Feuer geworfen haben, wohl in einem Anfall der Verzweiflung, dem ungeheuren Stoff keine adäquate Vertonung bieten zu können. *Franz Werfel* rückt diese Version in seiner Verdi-Biographie, dem »Roman der Oper« in den (romanhaften) Mittelpunkt. Daß diese aber auf einem realen Fundament beruhen muß, wird aus späteren Briefen von Verdis getreuer Lebensgefährtin *Giuseppina Strepponi* klar, als sie während der Schaffensjahre des »Othello« für diesen ein »König-Lear-Schicksal« befürchtet: die Nichtvollendung und vielleicht die Vernichtung.

3. *Boito,* der mit seiner *Goethe-*Oper »Mefistofele« 1868 vom italienischen Publikum abgelehnt, 1875 dann aber in einer zweiten Fassung begeistert gefeiert worden war, hatte *Verdi* bei einem von *Ricordi* arrangierten Treffen in Mailand den überaus wohlgelungenen szenischen Entwurf einer »Othello«-Oper vorgelegt. Der sonst so wortkarge und selten zu Lob bereite Maestro fand ihn ausgezeichnet. Er begann seine, ihn oft arg bedrückende Meinung zu revidieren, der seit über 250 Jahren tote und in gänzlich anderen theatralischen Zeiten wirkende *Shakespeare* sei für die »moderne« Musikbühne unmöglich vollgültig zu bearbeiten. *Boitos* Entwurf schien das Gegenteil zu beweisen.

4. Doch *Verdi* scheute sich – wie immer –, seinen freudigen Impuls offen zu zeigen. Er ließ zwar *Boito* die Textabfassung vornehmen, die zu einem Werk von vollendeter Schönheit wurde (» . . . eines der reinsten Wunder seelischer Ergriffenheit und Herzenstrauer« nennt *K. H. Ruppel* sie mit Recht), aber *Verdi* ging nur in größter Heimlichkeit an die Vertonung. Außer *Boito* und *Giulio Ricordi* wußte wohl nur noch »Peppina«, *Giuseppina Strepponi,* davon. Aber selbst diese drei restlos ergebenen und getreuen Personen blieben über Umfang und Fortschritt der Arbeit Verdis weitgehend im unklaren. Fürchtete der Maestro, das Werk könne ihm, dem nunmehr Siebzigjährigen, mißlingen? Er hatte Gerüchtemacherei und Vorbesprechungen seiner Opern von jeher gehaßt; diese Abwehr gegen Klatsch und Reklame hatte sich bei der neuen Arbeit – der heikelsten von allen seines Lebens – noch weiter verstärkt.

5. Im »Othello« ging es *Verdi* um etwas Neues: um einen bewußten Weg zum italienischen Musikdrama. Keinen Augenblick lang kam ihm eine Nachahmung *Wagners* – der das deutsche Musikdrama geschaffen hatte – in den Sinn, aber er wußte, daß der Zeitgeist des 19. Jahrhunderts der alten »Nummern-« oder »Arien-Oper« nicht mehr gewogen sein konnte; daß tiefere Psychologie, lebensechtere Gestalten gefordert wurden, gewichtigere Konflikte, ein dramatischer Text, der nicht nur den Vorwand für wirkungsvollere Musikstücke lieferte, sondern sich ebenbürtig an die Seite der Musik stellte; daß nach Abklingen der

Romantik ein neuer realistischer, naturalistischer Stil im Vormarsch war – den die Oper dann »Verismus« taufte – und daß die geistigen Anforderungen auch an das Musiktheater wesentlich höhere waren als in seiner Jugend.

6. Das hatte mit »deutscher Musik« oder »Italianità« im Grunde nichts zu tun. Von beiden Seiten her gab es Wege zum Musikdrama. Daß für *Verdi* nur der italienische in Frage kam, war nicht einmal eine Frage wert; also gab es in seiner Auffassung niemals einen Verzicht auf die Vorherrschaft der Singstimmen. Es galt nur, die Oper, wie er sie einst von *Bellini* und *Donizetti* geerbt hatte, zum einheitlicheren Musikdrama umzugestalten, das Zerfallen in einzelne »Nummern« (Arie, Duett, Chor usw.) durch einen gesamtdramatischen Atem zu ersetzen und – hier konnte man am ehesten von einer »Internationalisierung«, wenn auch von keiner Nachahmung deutscher Opernkunst sprechen – dem Orchester erhöhte, besondere Bedeutung zu widmen. Nicht also, um etwa *Wagner* nachzueifern, sondern weil die technische Entwicklung der Instrumente und damit die Möglichkeiten des Zusammenspiels neue, ungeahnte Dimensionen erreicht hatten. Hier lagen Perspektiven der dramatischen Vertiefung, von denen die früheren Generationen noch nichts ahnten. Schon in »Don Carlos« (1867) und »Aida« hatte *Verdi* Fortschritte in dieser Richtung erzielt; aber niemals vorher hatte er dem Orchester so starke Aufmerksamkeit zugewendet wie jetzt im »Othello«. Er verfeinert es bis ins Letzte, verzichtet auf jede schablonenmäßige »Begleitung« (wie sie noch in seiner mittleren Epoche weite Opernteile durchzog), läßt nahezu jedes Instrument seine eigene, charakteristische Sprache reden. Unsinnig wäre es, auch in diesem Punkt eine »Annäherung an *Wagner*« konstatieren zu wollen. Der erste, der das Orchester aus der »klassischen Epoche« zur Tonsprache der Romantik führte, war wohl *Héctor Berlioz*, von dem die Entwicklunglinie über *Mendelssohn* (»Sommernachtstraum«-Musik) zu *Liszts* sinfonischen Gedichten verläuft, bevor *Wagner* sie dann übernimmt und auf allerdings vorher unbekannte Höhen führt. *Verdi* erkannte im Verlaufe seines eigenen Opernschaffens die Wichtigkeit des instrumentalen Teils, der zur echten Ergänzung des

vokalen werden mußte, um ein modernes Tondrama schaffen zu können.

7. *Boitos* Verdienst um »Othello« kann kaum hoch genug veranschlagt werden. Dank seiner geistigen und dramatischen Mitarbeit wurde von vornherein der früher so berühmte und weltweit gespielte »Othello« *Rossinis* »einfach ausgelöscht; den anderen Shakespeare-Opern jener Zeit, *Zingarellis* ›Giulietta e Romeo‹, Bellinis früherer Romeo-Version ›I Capuleti di Montecchi‹ ging es auch ohne Verdis Rivalität nicht anders. Shakespeares Geist ließ sich in Arienmontagen nicht einfangen« (*K. Honolka*). Die Arien-Oper war tot, die Stunde des Musikdramas hatte geschlagen; das erkannte *Wagner* im Norden gerade so untrüglich wie *Verdi* im Süden.

8. Im Grunde tat *Boito* bei seiner Textbearbeitung das Gegenteil von dem, was das 20. Jahrhundert dann »Literaturoper« nannte (worunter man die nahezu wörtliche Vertonung wertvoller dichterischer Vorlagen versteht): Er griff sehr energisch in *Shakespeares* Original ein, kürzte radikal und beließ nur jene Szenen in seinem Libretto, die zur Schürzung und Lösung des dramatischen Knotens notwendig sind. Er erkannte, daß *Shakespeares* Stück in seiner theatralischen Form für das Musikdrama zu komplex, zu figurenreich, zu sehr in kleine Szenen aufgespalten war. Er mußte, auch wenn *Verdi* keine wirklichen Arien mehr schreiben wollte, Raum für lyrische Ruhe- und Höhepunkte und Stimmungsmomente schaffen, manches vom Wort her (das im Musiktheater ja stets weitgehend unverständlich bleibt) ins augenfällige Bild übersetzen. Er tat dies so restlos hervorragend, daß *Verdi* das Gefühl hatte, noch nie von einem der vielen Librettisten seines Lebens so vollständig verstanden worden zu sein. Und, höchstes Lob: *Boitos* Textbuch zu *Verdis* »Othello«-Oper könnte wahrscheinlich auch im Sprechtheater mit stärkster Wirkung aufgeführt werden.

9. Die Nachricht, daß er »Othello« vollendet habe, übermittelte *Verdi* am 1. November 1886 den beiden Menschen, die am engsten mit dieser Arbeit verknüpft waren: *Boito* und *Ricordi*. Diesem letzteren in drei kurzen Sätzen, hinter die er – der stets Zurückhaltende, Gemessene – insgesamt

dreizehn Ausrufungszeichen setzt. An *Boito* sind es etwas weniger, aber auch diese Fassung läßt keinen Zweifel, daß ihm ein schwerer Stein vom Herzen gefallen ist.

10. *Shakespeare*-Kenner mögen vielleicht manches psychologisch interessante Detail in *Boitos* Fassung vermissen. Aber alles wirklich Wichtige ist vorhanden. Die Weglassung der ersten, noch in Venedig spielenden Szenen ist dramatisch durchaus gerechtfertigt. Von der Vorgeschichte der Liebe Othellos und Desdemonas erfahren wir in der Oper nichts – mit Ausnahme einer Erwähnung im Liebesduett des ersten Akts –, gar nichts von dem Widerstand Brabantios, Desdemonas Vater, gegen diese Verbindung, die sich als so liebevoll und glücklich herausstellt, daß der Senator selbst seinen Einspruch zurückzieht. Othellos Betrauung mit dem Oberbefehl in Cypern fällt in der Oper fort, die sofort auf der Insel einsetzt. Aber, für die Dramatik des Hauptmotivs – der grundlosen, entsetzlichen Eifersucht Othellos gegen die völlig schuldlose Desdemona – ist alles Fortgelassene bedeutungslos. Ebenso unwichtig ist die nähere Erklärung der zweiten Schurkentat Jagos, seines Doppelspiels dem jungen Venezianer Rodrigo gegenüber, der Desdemona glühend liebt. *Boito* konzentriert die Charakterisierung der drei Hauptfiguren auf das Ausschlaggebende. Othello ist die strahlende Heldengestalt, die zu fällen Jago trotzdem leicht wird, da er zur Schürung ihrer Eifersucht wohlbedacht und teuflisch das unbewußt wirkende Rassenmotiv heranzieht. Desdemona ist unter vielen edlen weiblichen Gestalten *Verdis* die engelgleichste; so engelgleich, daß er sie selbst einmal als »unrealistisch« bezeichnet hat. Jago schließlich, nach dem *Verdi* anscheinend diese Oper eine Zeitlang benennen wollte, ist ganz der *Shakespearesche* Schurke und Schuft geblieben; ja der Librettist *Verdis* setzt dieser großartigen Charakterzeichnung noch ein besonderes Licht auf: Er dichtet Jagos »Credo«, dieses grauenhafte, nihilistische Bekenntnis zu Bosheit und Gemeinheit, die durch keinen positiven Zug gemildert erscheinen. So wird Jago die vielleicht schwärzeste aller Opernfiguren, in unedlem Wettstreit mit Pizarro (»Fidelio«), Mephisto (»Faust«), Scarpia (»Tosca«) und anderen Erzbösewichtern des Musiktheaters.

11. Wir pflegen von »*Shakespeares* Gestalten« zu sprechen, wenn wir Jago, Desdemona, Othello erwähnen. Doch der geniale Engländer hat sie nicht erfunden. Er fand sie in einer italienischen Novelle vor und verlieh ihnen Bühnenleben. Ihr eigentlicher Schöpfer war der Ferrareser Dichter und Schriftsteller *Giovanni Battista Giraldi Cinzio*, der von 1504 bis 1573 lebte und seine »Eccatommiti« genannte Sammlung von 113 Novellen im Jahre 1565 publizierte. Unter diesen findet sich eine mit dem Titel »Der Mohr von Venedig«; *Shakespeare* dürfte sie in englischer Übersetzung kennengelernt haben. Sein »Othello« betiteltes Drama – das er 1604 uraufführte – ähnelt der Novelle des *Giraldi Cinzio* in fast erschreckender Weise; drei Jahrhunderte später hätte man von einem offenkundigen Plagiat oder wenigstens von einer bühnenmäßigen Bearbeitung gesprochen. Zu *Shakespeares* Zeiten waren solche Skrupel unbekannt. Trotzdem müßte man das Drama immer noch als psychologische Vertiefung ansehen. Es enthält eine Fülle von Einzelheiten genialer Art, die nur ein großer Dramatiker erfunden und hinzugefügt haben kann. An der Identität der Sujets ist nicht zu zweifeln, übernimmt *Shakespeare* doch sogar den Frauennamen von *Giraldi Cinzio*: aus dessen Disdemona wird Desdemona. In der Novelle heißen die beiden Männer nur »der Mohr« und »der Fähnrich«, erst *Shakespeare* teilt ihnen die Namen zu, unter denen sie weltbekannt werden sollten: Othello und Jago. Ansonsten ist nahezu alles in der italienischen Novelle vorgezeichnet: die Ernennung des Mohren, die Fahrt nach Cypern, seine Freundschaft mit Cassio, bis er diesen eines kleinen militärischen Vergehens wegen degradiert, die Intrigen Jagos, das Eintreten Desdemonas für den sichtlich zu hart bestraften Cassio, das entsetzlich schlaue, psychologisch perfekte Ränkespiel des Fähnrichs, der nicht ruht, bevor er den glücklichen Bund Othellos und Desdemonas in einen Abgrund von Verdacht und Rachsucht verwandelt hat. Der Mord an Desdemona erfolgt allerdings bei *Shakespeare* anders als im italienischen Vorbild: Während in diesem ein ausgehöhltes einstürzendes Mauerwerk die Unschuldige in genauer Vorausberechnung ums Leben bringt, wählt *Shakespeare* mit klugem Bühneninstinkt die

Todesart, die seitdem sprichwörtlich wurde: Othello er-
mordet Desdemona durch Erwürgen, auf dem Lager, das
so oft Zeuge ihrer zärtlichen Liebe gewesen, und von dem
Othello nun, von Jago zu wildestem Haß geblendet, annimmt, es sei der Schauplatz ihrer Untreue gewesen. Im
italienischen Original schließt die Geschichte nicht mit diesem furchtbarsten aller Theatermorde: Alle Beteiligten,
vor allem Othello und Jago, nehmen ein klägliches, sich
über längere Zeit erstreckendes, daher kaum bühnenmä-
ßig darstellbares Ende. Bei *Shakespeare* ist das eigentliche
Drama zu Ende, als Othello seinen entsetzlichen Irrtum
einsieht. Es bleibt ihm nichts anderes als der Selbstmord an
der Seite der unschuldig hingemordeten Desdemona – ein
Ausgang, von dem bei *Giraldi Cinzio* noch keine Rede ist.

12. Hat dieser *Giraldi Cinzio* den »Othello«-Stoff nun erfunden? Tun wir noch einen Schritt weiter in dessen Ursprung
und Entstehen zurück. Wir stoßen da auf einen venezianischen Soldaten, der Moro hieß und in wilder Eifersucht
einst seine Frau ermordete. Er hieß Moro – aber war er ein
»moro«, ein Maure, ein Neger? Moro ist ein in Italien all-
täglicher Name. Vielleicht wurde er einst den aus arabi-
schen, afrikanischen Ländern Zugezogenen gegeben, die
sich durch ihre dunkle Hautfarbe von den anderen Bewoh-
nern unterschieden. Aus diesem Soldaten namens Moro
scheint *Giraldi Cinzio* einen wirklichen Mauren, einen
»Schwarzen« gemacht zu haben und gewann so ein ent-
scheidendes Element, das die an sich nicht einmalige Geschichte erst interessant und wahrhaft dramatisch macht.
Das Minderwertigkeitsgefühl einer von den Weißen unter-
drückten, ausgeraubten und erniedrigten Rasse wird zum
wichtigen, für viele Forscher sogar entscheidenden Faktor
des Dramas. Und Othello geht als »der Mohr von Venedig« in die Literatur ein. Seine rasende, im wahrsten Sinne
des Wortes »blinde« Eifersucht wird psychologisch erst
voll erklärlich durch die Tatsache seines Mohrentums, seiner schwarzen Hautfarbe, seiner afrikanischen Abstam-
mung, die ihm trotz glänzender militärischer Erfolge nicht
das Gefühl völliger Ebenbürtigkeit mit den Weißen geben
konnte. Mochte er sich im Kampfe auch ihnen gleich, ja sogar überlegen dünken können, in der Liebe ist der Gedan-

ke an seine Minderwertigkeit, einmal geweckt, unausrott-
bar. Da weiß er vom Reiz des Exotischen nichts oder hält es
für eine Laune des Augenblicks, da empfindet er den »weißen« Cassio als von vornherein ihm, dem Schwarzen,
überlegenen Rivalen im Kampf um die Gunst der weißen,
ja blonden Desdemona. Lange, bevor im ausgehenden 19.
Jahrhundert rassische Probleme drängende, beängstigende Aktualität erreichen, haben *Giraldi Cinzio* und *Shakespeare* mit diesem Mohren von Venedig, diesem Othello
ein Zeichen gesetzt. Der Schurke Jago spielt auf Othellos
Mohrentum an, wenn er fälschlicherweise Rodrigo Hoffnung auf Desdemona macht, die ja »bald von den Küssen
der wulstigen Negerlippen genug haben« müßte.

13. *Boito* wußte, mit einem auf etwa ein Viertel seines ur-
sprünglichen Bestandes reduzierten Text, die dramatische
Spannung und das psychologische Interesse voll wach zu
erhalten, die *Shakespeare* »seinen« Gestalten eingeflößt
hatte. Er gehörte zu den bedeutendsten Männern der
Operngeschichte. Seine Begabung als Komponist hatte er
mit »Mefistofele« eindeutig nachgewiesen; dann allerdings stellte er seine literarischen Interessen so sehr in den
Vordergrund, daß er jahrzehntelang eine zweite Oper,
»Nerone«, nicht vollenden konnte. Seine Libretti für Verdis »Othello« und »Falstaff« stellen Modelle ihrer Gat-
tung dar. Von anderen Textbüchern, die er schuf, sei vor allem jenes zu *Amilcare Ponchiellis* erfolgreicher Oper »La
Gioconda« hervorgehoben, das er nicht mit dem eigenen
Namen unterschrieb, sondern in Form des Anagramms
Tobia Gorrio. Er verfaßte Theaterstücke, gab Gedichtbän-
de heraus, übertrug *Webers* »Freischütz« sowie *Wagners*
»Rienzi« und »Tristan und Isolde« ins Italienische, wobei
er eine tiefe Einfühlungsgabe in deutsche Sprache und
Kultur bewies. Wie profund er in die angelsächsische Welt
einzudringen vermochte, erweist sein Libretto zu »Othel-
lo«. Man brauchte es nur mit jenem ihm um ungefähr 60
Jahre vorausgegangenen zur gleichnamigen Oper von
Gioacchino Rossini zu vergleichen, für das ein mit Recht
vergessener Priester namens *Berio* verantwortlich gezeich-
net hatte.

Boito stand im Uraufführungsjahr des »Othello« (1887)

im 45. Lebensjahr; er hat *Verdi* um 17 Jahre überlebt und starb am 10. Juni 1918.

14. Die drei Hauptrollen der *Verdi*-Oper »Othello« gehören zu den schwierigsten und anspruchsvollsten, aber auch den begehrtesten und faszinierendsten des Repertoires. Othello ist einem Heldentenor zugeteilt, einem »tenore drammatico«, wie die Italiener es nennen. Ja, er ist der dramatischste Tenor der italienischen Oper. Am nächsten steht ihm wohl sein unmittelbarer Vorläufer im Werke *Verdis*, Radames, in der Oper »Aida«. Aber er übertrifft diesen noch in einigen wichtigen Anforderungen: Othello muß eine gewaltige Stimme besitzen, die bei ihrem ersten Auftritt Meeres-, Sturm- und Volksgebrause mühelos übertönen soll, aber auch fähig ist, ein wenig später im Liebesduett mit Desdemona zu inniger Empfindsamkeit zurückgenommen zu werden und den Akt mit einem lang gehaltenen hohen Ton in vollendeter Weichheit und Süße zu beenden. Auch schauspielerisch ist Othello dem zwar von einem schweren Dilemma heimgesuchten, im Charakter aber gradlinigen Radames weit überlegen: von hingegebenster Liebe bis zu rasenden Haßausbrüchen reicht die Skala seiner Empfindungen. Diesen Absturz von stolzer Höhe in völlige seelische Vernichtung in kurzer Frist darzustellen erfordert einen Künstler hohen Ranges. Und da diese Bedingung keineswegs mit dem Besitz einer machtvollen, klangschönen und wandlungsfähigen Stimme zusammenfallen muß, wird erklärlich, warum es so wenige wahrhaft bedeutende Vertreter dieser Rolle gibt.

Ein wenig leichter sind gute Sängerinnen und Darstellerinnen der Desdemona zu finden. Aber auch diese Rolle fordert viel: lyrische wie dramatische Töne, volksliedhaften Gesang für das »Lied vom Weidenbaum« und tiefreligiösen für das anschließende »Ave Maria«.

Doch vielleicht am schwersten ist es, einen vollendeten Jago auf die Bühne zu stellen. *Verdi* hat sich sogar mit seinem Äußeren befaßt, im Briefwechsel mit einem Freunde darüber gerätselt, ob man einen großen, hageren oder einem kleinen, vielleicht sogar rundlichen, auf jeden Fall alltäglichen Sänger die ganze abgrundtiefe Gemeinheit dieses Charakters eher glaube. Nun, das mag beinahe nebensäch-

lich erscheinen gegenüber den schauspielerischen Fähig-
keiten, die für diese Rolle verlangt werden. Und zuletzt
sollte Jago noch ein perfekter, ja beinahe ein Belcanto-Sän-
ger sein; denn gerade dieser Kontrast zwischen Innerem
und Äußerem müßte es sein, der Othello in die ihm diabo-
lisch bereitete Falle stürzen läßt. Jago wie Pizarro (»Fidelio«), Kaspar (»Freischütz«), Sebastiano (»Tiefland«)
und andere »deutsche Bösewichter« zu singen, würde
nicht zum erwünschten Resultat führen.

15. Für die Aufgabe des Dirigenten ist keine Forderung hoch
genug. Zartgefühl und Leidenschaft müssen in vollendeter
Weise gepaart sein, an den Klangsinn werden hohe An-
sprüche gestellt. Die Sänger weise zu führen und ihren In-
dividualitäten doch Spielraum zu gewähren, gehört zu den
Aufgaben des reifen »Othello«-Dirigenten.

Der Regisseur steht ebenfalls vor einem keineswegs leichten Bewährungstest: zwischen *Shakespeare* und italienischer Oper muß er einen glaubwürdigen Stil finden, muß
er ein erschütterndes Drama abrollen lassen, ohne den Gesang zu beeinträchtigen.

16. Dem Opernliebhaber wird zweifellos aufgefallen sein, daß
in manchen Werken musikalische Wendungen oder gar
ganze Melodien eingefügt sind, die eine geographische Or-
tung erlauben oder bezwecken. Das ist bei älteren Opern –
der Barockzeit, der Klassik – noch kaum der Fall, wird aber
im Laufe des 19. Jahrhunderts immer deutlicher fühlbar.
Zweifellos weisen einige Stücke aus *Webers* »Freischütz«
einen typisch deutschen Charakter auf, *Smetanas* »Ver-
kaufte Braut« ist ohne tschechische Lieder und Tänze undenkbar, *Mussorgskis* Musik zu »Boris Godunow« ist
stark russisch gefärbt usw. *Verdis* Opern spielen in vielen
Ländern; aber er hat nahezu niemals »nationale« oder gar
folkloristische Anklänge an sie verwendet. Immerhin, in
»Don Carlos« singt die Prinzessin Eboli ein »maurisches
Lied«, das am Hofe Philipps II. ein wenig exotisch anmu-
tet, aber durchaus vertretbar ist, da Spanien nicht nur in
engster, wenn auch feindlicher Nachbarschaft mit den
Arabern gelebt hatte, sondern jahrhundertelang unter deren Herrschaft stand. Und nun taucht im letzten Akt des
»Othello« wiederum eine »fremdländische« Weise auf.

Desdemona singt sie in ihrer Todesstunde. Dem Liede
setzt sie einen erklärenden Satz voran: eine junge Magd ihres Hauses habe es einst gesungen. Desdemonas Heimat ist
Venedig, die Stadt des bunten Völkergewühls. Die Magd
stammte wohl, der eigenartigen Melodie nach zu schlie-
ßen, aus dem vorderen Orient, eine durchaus glaubwürdi-
ge Annahme in der Stadt, die sich jahrhundertelang stolz
»die Königin der Meere« nannte. Hat *Verdi* dieses »Lied
vom Weidenbaum« gehört, ist es vielleicht ein echtes ori-
entalisches Volkslied, das in die Tonalität des italienischen
19. Jahrhunderts gezwängt wurde? Oder hat er es selbst erfunden, um die von geheimem Schauer erfüllte Nachtluft
des bald zur Mordszene werdenden Schlafgemachs Desdemonas mit unendlicher Wehmut und Trauer zu erfül-
len? Melodik und Harmonik sind »fremdländisch«, und
die Orchestrierung unterstreicht den »exotischen« Charakter noch: ein Stück voll beklommenster Stimmung und
so unendlicher wie hoffnungsloser Sehnsucht.

17. Mit »Othello« schließt *Verdis* dramatisches Opernwerk
ab. Das, was folgt, gehört in ein anderes Gebiet: »Falstaff«
ist ein Lustspiel, eine ausgelassene Komödie – wenn auch
eine mit tiefem Sinn. Man könnte also *Verdis* dramatisches
Opernschaffen von hier aus im Rückblick noch einmal zu-
sammenfassen. Das Schicksal gönnte ihm mehr als ein hal-
bes Jahrhundert Opernschaffen: vom »Oberto« des Jahres
1839 bis zum »Othello« des Jahres 1887 und dem »Falstaff« von 1893. Wie anders hatte *Verdi* die Oper von seinen Vorgängern übernommen, als er sie jetzt seinen Nach-
folgern übergab! Zu Ende des 18. Jahrhunderts hießen –
neben zahllosen guten Meistern – ihre Hauptkomponisten
Paesiello und *Cimarosa*. Das Gewicht lag auf der Melodik
der virtuosen Arien, die geschlossenen »Nummern« waren streng von den rezitativischen Teilen getrennt. Dann
folgte die blendende Generation *Rossinis, Donizettis, Bellinis,* eine Art frühromantischer Oper, deren Spitzenwerke
heute noch überleben. *Rossini* zog sich 1829 zurück, *Bellini*
starb vierunddreißigjährig im Jahre 1835, *Donizetti* ver-
stummte um die Mitte der Vierzigerjahre im Wahnsinn.
Verdi trat ihr Erbe an. Vieles aus seinen frühen Opern
klingt nach *Donizetti; Rossinis* Geist, *Bellinis* Urmelodik

hat er nie erreicht. Sein langer Weg führte ihn neue, eigene Bahnen. Er hat keinen Weggefährten mehr. *Wagner* ist von Anfang an ein Rivale, ja ein bewußter Gegner (dessen Gegnerschaft er aber nie erwidert); die französischen Zeitgenossen – *Gounod, Bizet*, der ihnen zuzurechnende *Meyerbeer* – schaffen ihren eigenen Stil. Er trägt die Last allein, die Tradition der italienischen Oper fortzuführen und sie den neuen Zeiten anzupassen. Also: aus der alten Arien-, der Belcanto-Oper durch Verfeinerung von Dramatik und Psychologie, die in der Musik ihre Stütze finden, durch Auflösung der geschlossenen »Nummern«, durch Abschaffung des Rezitativs zum Musikdrama italienischer Art zu gelangen. Im »Othello« ist es dem über Siebzigjährigen meisterhaft, restlos und beispielgebend gelungen.

Kurze Biographie Verdis
(Unter besonderer Berücksichtigung der Jahre um »Othello«)

1813 Am 10. Oktober wurde Giuseppe Verdi im Dörfchen Le Roncole, nahe der Kleinstadt Busseto, in der lombardischen Tiefebene geboren. Da die Region damals unter französischer Herrschaft steht, wird Verdi in das standesamtliche Register als Joseph Fortunin François eingetragen.

1814 Die Österreicher vertreiben die Franzosen und besetzen Norditalien (Lombardei, Venetien Toscana, Parma); Verdi wird mehr als die Hälfte seines Lebens unter ihrer Herrschaft leben und manchen Strauß gegen ihre Zensur auszufechten haben.

1823 Verdi kommt, mit Unterstützung des Großkaufmanns und Musikliebhabers Antonio Barezzi, auf das Gymnasium in Busseto.

Aus einem kleinen Haus im ländlichen Flecken Le Roncole stammte Giuseppe Verdi, der Großmeister der italienischen Oper.

1824 Verdi spielt regelmäßig an Sonntagen Orgel in der Kirche von Le Roncole. Beginn des Musikunterrichts durch Ferdinando Provesi in Busseto.

1828 Rossinis »Barbier von Sevilla« wird in Busseto aufgeführt, wozu Verdi eine eigene Ouvertüre komponiert und aufführt. Daneben entsteht eine Reihe anderer Werke.

1832 Verdi erhält von der Herzogin Marie-Louise von Parma, Ex-Kaiserin von Frankreich, ein Stipendium zum Studium in Mailand. Doch das dortige Konservatorium weist ihn ab, aus nie ganz geklärten Gründen. Aber er bleibt in Mailand, wohnt Opernaufführungen bei und findet in Vincenzo Lavigna einen sehr guten Lehrer.

1836 Verdi heiratet die Tochter seines Gönners, Margherita Barezzi.

1837 Geburt seiner Tochter Virginia, die 1838 stirbt.

1838 Geburt des Sohnes Icilio, der 1839 stirbt.

1839 Erfolgreiche Uraufführung von Verdis erster Oper »Oberto« an der Mailänder Scala (17. November); Bekanntschaft mit der Sängerin Giuseppina Strepponi.

1840 Verdis tragisches Jahr. Tod seiner jungen Gattin und Durchfall seiner Lustspieloper »Un giorno di regno« (ursprünglich: »Il finto Stanislao«) am 5. September in Mailand.

1842 Die Uraufführung des »Nabucco« an der Scala (9. März) bringt Verdi den vielleicht entscheidendsten Erfolg seiner Laufbahn. Die Rolle der Abigail singt Giuseppina Strepponi, deren Schicksal sich nun immer stärker mit dem Verdis verknüpft.

1843 Abermals in der Scala wird (am 11. Februar) Verdis nächste Oper »I Lombardi« (»Die Lombarden auf dem ersten Kreuzzug«) uraufgeführt; mit den beiden letzten Erfolgen ist Verdi nicht nur bekannt geworden, sondern in diesen Werken enthaltene Chöre werden bald auf den Straßen als Manifestationen eines italienischen Patriotismus gesungen. Verdi unternimmt seine erste Auslandsreise: In Wien wird (am 4. April) sein »Nabucco« gespielt. In der zweiten Hälfte des Jahres scheint es zu der engen Verbindung mit Giuseppina Strepponi gekommen zu sein, die dann seine ideale Gefährtin für ein langes Leben werden wird.

Giuseppina Strepponi, Verdis Lebensgefährtin und Gattin durch etwa
60 Jahre, war selbst eine namhafte Sängerin.

1844 In Venedigs »Teatro Fenice« wird (am 9. März) »Ernani« uraufgeführt. Bereits am 3. November gibt es wieder
eine Verdi-Premiere: »I due Foscari« in Rom. Der Komponist wird später diese äußerst gespannte Epoche seines
Lebens als »Galeerenjahre« bezeichnen; sie dauern bis
etwa 1851.
1845 Auch dieses Jahr bringt wieder zwei Verdi-Premieren:
»Giovanna d'Arco« (»Die Jungfrau von Orléans«) in

Das Herrenhaus auf Verdis Gut Sant'Agata.

Mailand) am 15. Februar (und »Alzira« in Neapel) am 12. August.

1846 Uraufführung des »Attila« in Venedig (am 17. März). Jahr anhaltender Krankheiten.

1847 Uraufführung des »Macbeth« in Florenz (am 14. März) und der »Masnadieri« (Schillers »Räuber«) in London (am 22. Juli).
Verdi erwirbt ein ursprünglich bescheidenes Gut in der Lombardei, Sant' Agata, das er in kommenden Jahren vergrößern und zu einem prächtigen Herrensitz ausgestalten wird.

1848 In seiner Heimatstadt Bergamo stirbt nach längerem geistig-psychischem Leiden Gaetano Donizetti, als dessen musikalischen Nachfolger man Verdi betrachten kann. Damit ist der letzte der »Belcantisten« verstummt: Vincenzo Bellini – sehr jung im Jahre 1835 verstorben, Gioacchino Rossini – seit 1829 völlig vom Theater zurückgezogen. Nun gibt es in der italienischen Oper keinen Rivalen mehr für Verdi, er hat alle noch vorhandenen – u. a. den namhaften Saverio Mercadante – überflügelt.

Das Jahr bringt, wie überall in Europa, schwere politische Unruhen, an denen Verdi, der glühende Patriot im Sinne einer ersehnten italienischen Einheit, starken inneren Anteil nimmt. Uraufführung seines »Il Corsaro« (»Der Korsar«) in Triest (am 25. Oktober).

1849 Uraufführung von Verdis »La battaglia di Legnano« (»Die Schlacht von Legnano«) in Rom (am 27. Januar) und »Luisa Miller« (Schillers »Kabale und Liebe«) in Neapel (am 8. Dezember).

1850 Uraufführung des »Stiffelio« in Triest (am 16. November).

1851 Mit »Rigoletto« erringt Verdi am 11. März im Teatro Fenice (Venedig) den für seinen Weltruhm entscheidenden Erfolg.
Am 28. Juni stirbt seine Mutter.

1852 Der Textdichter Salvatore Cammarano (»Alzira«, »La battaglia di Legnano«, »Luisa Miller«, Entwurf und Teile des »Trovatore«) stirbt.

1853 Im Abstand nur weniger Wochen werden zwei weitere Opern aufgeführt und erlangen Weltruhm: »Il Trovatore« (»Der Troubadour«) in Rom (am 19. Januar), und »La Traviata« in Venedig (am 6. März): die letztere fällt allerdings am Premierenabend völlig durch.
Gegen Ende des Jahres zieht Verdi mit Giuseppina nach Paris, wo er an der Auftragsoper für die Weltausstellung von 1855 – auf einen Text Eugène Scribes – arbeitet.

1855 In Paris wird am 13. Juni die Festoper »Les vêpres siciliennes« (»Die sizilianische Vesper«) uraufgeführt.

1857 Uraufführung des »Simone Boccanegra« in Venedig (am 12. März), und der Neufassung des »Stiffelio«, nun als »Aroldo« in Rimini (am 16. August).

1858 Langwierige Schwierigkeiten mit der Zensur wegen des »Maskenball«, der ursprünglich in Neapel in Aussicht genommen ist.

1859 Uraufführung des »Un ballo in maschera« (»Ein Maskenball«) in Rom (am 17. Februar).
Im kleinen Dorf Collonges-sous-Salève, in der Nähe von Genf und im damals noch italienischen Savoyen gelegen, werden Verdi und Giuseppina Strepponi am 29. August in aller Stille getraut. Verdi wird Deputierter der Tu-

riner Nationalversammlung, von Vittorio Emanuele und dem Politiker Cavour persönlich empfangen und geehrt. Ferner wird er Ehrenbürger von Parma und Bologna, sowie Mitglied des »Institut de France« in Paris.

1861 Proklamation von Vittorio Emanuele II. zum König von Italien und Konstituierung des neuen Staates im Beisein Verdis. Tod Cavours.

1862 Uraufführung der »La forza del destino« (»Macht des Schicksals«) in St. Petersburg, (am 10. November).
Verdi komponiert eine Kantate für die Londoner Weltausstellung; es ist die erste Zusammenarbeit mit Arrigo Boito, seinem späteren Textdichter.

1864 Tod Meyerbeers in Paris.

1865 In Paris (am 21. April) wird eine neue Fassung des »Macbeth« erstmalig gespielt, eine Woche vor der posthumen Uraufführung von Meyerbeers »Afrikanerin«.

1866 Aus politischen Gründen sucht Verdi von seinem Pariser Vertrag zurückzutreten, der ihn zur Komposition eines neuen Werkes für die dortige »Grande Opéra« verpflichtet. Da die Lösung nicht gelingt, reist Verdi nach Paris und danach, zur Wiederherstellung seiner Gesundheit, in die Pyrenäen, wo er am »Don Carlos« arbeitet.

1867 Uraufführung des »Don Carlos« in Paris (am 11. März). Tod von Verdis Vater und seinem ersten Schwiegervater Antonio Barezzi.

1868 Tod Rossinis in Paris (am 13. November). Er hatte Verdis Talent frühzeitig erkannt, aber ihm den Rat gegeben, nur Dramen, keine Lustspiele zu komponieren. Begegnung Verdis mit dem von ihm hochverehrten Dichter Alessandro Manzoni.

1869 Am 27. Februar wird in Mailand eine zweite Fassung der »Macht des Schicksals« (»La forza del destino«) aufgeführt.
Tod Hector Berlioz' in Paris.
Am 1. November wird in Ägyptens Hauptstadt Kairo ein (italienisches) Opernhaus mit Verdis »Rigoletto« eröffnet. Zu Ende dieses Jahres scheint von dort eine Anfrage an Verdi gelangt zu sein, zur für das Jahr 1870 geplanten Eröffnung des Suezkanals eine Festoper zu komponieren.

Die Markuskirche in Mailand, in der Verdi sein »Requiem« uraufführte.

1870 Verdi lehnt den Gedanken einer Festoper für Kairo, nun über direkten Antrag wiederum an ihn herangebracht, abermals ab. Er entschließt sich aber dann doch zur Komposition, da das Sujet ihm ungewöhnlich zusagt, und beauftragt den Librettisten Antonio Ghislanzoni mit dem Textbuch. Die Uraufführung der »Aida«, wie diese Oper heißen soll, wird durch den deutsch-französischen Krieg verzögert, da die Bühnenbilder und Kostüme im belagerten Paris eingeschlossen sind.

1871 Nach vielen Wechselfällen wird »Aida« dann, längst nicht mehr zur Kanaleinweihung, in Kairo am 24. Dezember uraufgeführt. Verdi ist, aus Abneigung gegen Seereisen, daheim geblieben, erfährt aber noch in der gleichen Nacht durch Telegramme vom durchschlagenden Erfolg.

1872 Am 8. Februar findet in Anwesenheit Verdis in der Mailänder Scala die europäische Erstaufführung der »Aida« unter stärkstem Jubel statt. Ein Siegeszug dieser Oper rund um die Welt setzt ein.

1873 Verdi komponiert in Neapel, während der Probenzeit der dortigen »Aida«, ein Streichquartett, das am 1. April bereits uraufgeführt wird.

1874 Verdi hat im Andenken an den kurz zuvor verstorbenen Dichter Alessandro Manzoni ein Requiem geschrieben, das in der Mailänder San Marco-Kirche am 22. Mai uraufgeführt wird.

Verdi reist in den folgenden Jahren als Dirigent dieses Requiems in viele europäische Städte. Er lebt hauptsächlich auf seinem Landgut Sant' Agata, mit ländlichen Arbeiten glücklich beschäftigt. Fragen nach neuen Opern beantwortet er durchgehend und sehr bestimmt negativ. Man beginnt, sich an den Gedanken zu gewöhnen, »Aida« bedeute den Schlußpunkt seiner Bühnenkomposition.

Am 8. Dezember erfolgt, ohne sein Zutun, seine Ernennung zum Senator Italiens.

1875 Die Oper »Mefistofele«, Werk des jungen Dichter-Komponisten Arrigo Boito (nach Goethes »Faust«) erringt in zweiter Fassung einen starken Erfolg in Bologna. Zwischen Boito und Verdi war es einmal zu einem eher flüchtigen Kontakt gekommen: Verdi vertonte, auf Wunsch der italienischen Regierung, eine von Boito verfaßte »Hymne der Nationen«. Dann hatte ihre Beziehung eine starke Abkühlung erlebt, nicht so sehr, weil Boito unter die begeisterten Parteigänger Wagners gegangen war, sondern weil er sich sehr kritisch über die italienische »alte« Oper – und damit indirekt über Verdi – geäußert hatte. Doch hatte Boito inzwischen eingelenkt, hatte Verdi seine Verehrung bekundet und die Hoffnung geäußert, noch viele Opern von ihm zu erleben.

1876 Verdi dirigiert am 22. April »Aida« in Paris und erfährt große Huldigungen und Auszeichnungen.

1879 Verdi weilt im Juli in Mailand, um an der Scala sein »Requiem« zu dirigieren. Bei dieser Gelegenheit besuchen ihn sein Verleger Giulio Ricordi und der befreundete Dirigent Franco Faccio. Beim gemeinsamen Abendessen in Verdis Hotel kommt die Rede auf Shakespeare, auf Rossinis Vertonung des »Othello«, die unter einem unglücklichen Textbuch litte, auf Boito. Am nächsten Tag führt

Faccio Boito zu Verdi, der dessen Szenarium zu »Othello« in Empfang nimmt. Trotz seiner Begeisterung will er
sich zu keiner Komposition verpflichten, fordert Boito
aber auf, ein Textbuch zu schreiben, das auf jeden Fall
»für irgend jemanden gut sein werde«.

1880 Verdi scheint an »Othello« zu arbeiten, entdeckt sich
aber keinem Menschen. Im Briefwechsel mit einem be-
freundeten Maler (Domenico Morelli) bittet er ihn, ihm
Szenen aus (Shakespeares) »Othello« zu malen.

1881 In der Mailänder Scala wird eine Büste Verdis aufge-
stellt, gegen seinen Wunsch, da er es für eine Pietätlosig-
keit hält, sich neben dem von ihm hochverehrten Bellini
zu sehen; er bleibt der Feier fern.

Zu Weihnachten – und zu allen kommenden Weih-
nachtsfesten – sendet Verleger Ricordi eine Riesentorte
mit einem Schokoladenmann darauf: Anspielung auf
den »schwarzen« Othello. Verdi aber tut, als merke er
nichts. Wahrscheinlich aber ist er in Gedanken intensiv
mit dieser Oper beschäftigt.

1882 Verdi hält seine Arbeit an »Othello« immer noch ängst-
lich geheim. Selbst dem seit 1881 bescheiden anfragen-
den Boito erteilt er ausweichende Antworten.

1883 Tod Richard Wagners, aufrichtige Trauer Verdis um diese »große Persönlichkeit, die eine mächtige Spur in der
Geschichte hinterlassen wird«.

Immer noch keine konkreten Nachrichten über »Othello«.

1884 Verdi gibt Boito gegenüber in einem Brief zu, an »Othello« zu arbeiten.

1885 Im Verlauf dieses Jahres erfolgt wohl die Hauptarbeit an
»Othello«, Ende Oktober scheint die Komposition in
großen Zügen vollendet zu sein.

1886 Die Komposition wird abgeschlossen, die Orchestrierung durchgeführt, soweit sie nicht schon vorher skizziert
wurde. Zu den zuletzt geschaffenen Stücken gehört das
Liebesduett des ersten Akts. Der Vertrag mit Ricordi
wird abgeschlossen, erste konkrete Besetzungsfragen
tauchen auf. Bald stehen Francesco Tamagno als Othello
und Victor Maurel als Jago fest. Die Sängerin der Desdemona wird erst etwas später bestimmt. Am 1. November

Einen nur sehr unvollkommenen Eindruck von den riesigen Menschenmengen bei Verdis Begräbnis vermittelt dieses einzige Dokument des Ereignisses.

kündigt Verdi Boito und Ricordi in kurzen Botschaften die Beendigung des »Othello« an, am 16. Dezember legt er die fertige Partitur in die Hände seines Verlegers.

1887 Am 5. Februar findet die Uraufführung des »Othello« in der Mailänder Scala unter allen Anzeichen einer Weltsensation und unter nicht endendem Jubel des Publikums statt.

1893 Uraufführung des »Falstaff« in Mailand (am 9. Februar); Text ebenfalls von Boito nach Shakespeare.

1897 Tod Giuseppinas (14. November).

1899 Verdi stiftet ein Erholungs- und Altersheim für Musiker in Mailand.

1901 Am 27. Januar stirbt Verdi im 88. Lebensjahr in Mailand. Seine Ziehtochter Maria Carrara erfüllt anscheinend seine Verfügung, alle privaten Briefe und Erinnerungen seines Lebens zu verbrennen. Die Leiche wird provisorisch beerdigt. Am 26. Februar werden die Särge Giuseppinas und Giuseppe Verdis unter ungeheurer Anteilnahme des Volkes und höchsten Ehren in der von Verdi gestifteten »Casa di riposo« zur letzten Ruhe gebettet.

Die Opern Verdis

1. *Oberto, conte di San Boni-*   *(Mailand, 17. 11. 1839)*
   facio
2. *Un giorno di regno*   *(Mailand, 5. 9. 1840)*
   (oder, ursprünglich,
   Il finto Stanislao)
3. *Nabuccodonosor* bzw. *Na-*   *(Mailand, 9. 3. 1842)*
   bucco
   (Nebukadnezar)
4. *I Lombardi alla prima croc-*   *(Mailand, 11. 2. 1843)*
   ciata
   (Die Lombarden auf dem ersten Kreuzzug)
5. *Ernani* (franz.: Hernani)   *(Venedig, 9. 3. 1844)*
6. *I due Foscari*   *(Rom, 3. 11. 1844)*
   (Die beiden Foscari)
7. *Giovanna d' Arco*   *(Mailand, 15. 2. 1845)*
   (nach Schillers: Die Jung-
   frau von Orléans)
8. *Alzira*   *(Neapel, 12. 8. 1845)*
9. *Attila*   *(Venedig, 17. 3. 1846)*
10. *Macbeth*   *(Florenz, 14. 3. 1847)*
11. *I Masnadieri*   *(London, 22. 7. 1847)*
    *(*nach Schillers: Die Räuber*)*
12. *Jérusalem*   *(Paris, 26. 11. 1847)*
    (Bearbeitung der *Lombardi)*
13. *Il Corsaro (Der Korsar)*   *(Triest, 25. 10. 1848)*
14. *La battaglia di Legnano*   *(Rom, 27. 1. 1849)*
    (Die Schlacht von Legnano)
15. *Luisa Miller*   *(Neapel, 8. 12. 1849)*
    (nach Schillers: Kabale und
    Liebe)
16. *Stiffelio*   *(Triest, 16. 11. 1850)*
17. *Rigoletto*   *(Venedig, 11. 3. 1851)*
18. *Il Trovatore* (Der Trouba-   *(Rom, 19. 1. 1853)*
    dour)
19. *La Traviata*   *(Venedig, 6. 3. 1853)*

20. *Les vêpres siciliennes*   *(Paris, 13. 6. 1855)*
    (Die sizilianische Vesper)
21. *Simone Boccanegra*   *(Venedig, 12. 3. 1857)*
22. *Aroldo*   *(Rimini, 16. 8. 1857)*
    (Bearbeitung von *Stiffelio)*
23. *Un ballo in maschera*   *(Rom, 17. 2. 1859)*
    (Ein Maskenball)
24. *La forza del destino*   *(Petersburg, 10. 11. 1862)*
    (Die Macht des Schicksals)
25. *Macbeth* (Neufassung)   *(Paris, 21. 4. 1865)*
26. *Don Carlos*   *(Paris, 11. 3. 1867)*
27. *La forza del destino*   *(Mailand, 27. 2. 1869)*
    (Neufassung)
28. *Aida*   *(Kairo, 24. 12. 1871)*
29. *Simone Boccanegra*   *(Mailand, 24. 3. 1881)*
    (Neufassung)
30. *Don Carlos* (Neufassung)   *(Mailand, 10. 1. 1884)*
31. *Otello*   *(Mailand, 5. 2. 1887)*
32. *Falstaff*   *(Mailand, 9. 2. 1893)*

TASCHENBÜCHER ZU OPER, OPERETTE UND MUSICAL

Hans Renner
RENNERS FÜHRER DURCH OPER, OPERETTE UND MUSICAL
Das Bühnenrepertoire der Gegenwart
SEM 8203

Julius Burghold
WAGNER, DER RING DES NIBELUNGEN
Vollständiger Text mit Notentafeln der Leitmotive
SEM 8229

Franz Hrastnik
OPER, NICHT GANZ ERNST GENOMMEN
Heitere Fibel für Opernfreunde
SP 8267

Arnold Werner-Jensen
OPER INTERN
Berufsalltag vor und hinter den Kulissen
SP 8210

ATLANTIS · SCHOTT

In allen Buch- und Musikalienhandlungen erhältlich!